读客文化

陆小凤传奇 4

银钩赌坊

古 龙 著

文匯出版社

目 录

001 / 第一章　冰山美人

027 / 第二章　西方玉罗刹

040 / 第三章　缺了半边的人

059 / 第四章　意外中的意外

089 / 第五章　贾乐山

118 / 第六章　松花江上

148 / 第七章　松花江下

171 / 第八章　再见冰河

194 / 第九章　香姨之死

215 / 第十章　重回赌坊

244 / 第十一章　罗刹教主

第一章

冰山美人

01

夜。秋夜。

残秋。

黑暗的长巷里静寂无人，只有一盏灯。

残旧的白色灯笼几乎已变成死灰色，斜挂在长巷尽头的窄门上，灯笼下却挂着个发亮的银钩，就像是渔翁用的钩一样。

银钩不停地在秋风中摇晃，秋风仿佛在叹息，叹息着这世上为何会有那么多人愿意被钓上这个银钩？

方玉飞从阴暗潮湿的冷雾中，走进了灯火辉煌的银钩赌坊，脱下了深色的斗篷，露出了他那件剪裁极合身，手工极精致的银缎子衣裳。

每天这时候，都是他心情最愉快的时候，尤其是今天。

因为陆小凤就站在他身旁，陆小凤一向是他最喜欢、最尊敬的朋友。

陆小凤心情也很愉快，因为他自己就是陆小凤。

布置豪华的大厅里，充满了温暖和欢乐，酒香中混合着上等脂粉的香气，银钱敲击，发出一阵阵清脆悦耳的声音。世间几乎没有任何一种音乐能比得上。

他喜欢听这种声音,就像世上大多数别的人一样,他也喜欢奢侈和享受。

银钩赌坊实在是个很奢侈的地方,随时都在为各式各样奢侈的人,准备着各式各样奢侈的享受。

其中最奢侈的一样,当然还是赌。

每个人都在赌,每个人都聚精会神在他们的赌注上,可是陆小凤和方玉飞走进来的时候,大家还是不由自主要抬起头。

有些人在人丛中就好像磁铁在铁钉里,陆小凤和方玉飞无疑都是这种人。

"这两个自命不凡的年轻人是谁?"

"穿银缎子衣裳的一个,就是这赌坊大老板的大舅子。"说话的人又干又瘦,已赌成了精。

"你说他就是蓝胡子那新夫人的哥哥?"

"嫡亲的哥哥!"

"他是不是叫作'银鹞子'方玉飞?"

"就是他。"

"听说他本来就是个很有名的花花公子,吃喝嫖赌,样样精通,轻功也很不错。"

"所以还有很多人说他是个采花盗!"赌精微笑道,"其实他想要女人,用手指勾一勾就来了,根本用不着半夜去采花。"

"听说他妹妹方玉香也是个很有名的美人!"

"比花花解语,比玉玉生香。"一个人眯着眼睛叹了口气,"那女人又岂是'美人'两个字所能形容的,简直是个倾国倾城的尤物!"

"方玉飞旁边那小子又是谁?怎么长着两撇和眉毛一模一样的胡

子？"

"假如我没有猜错，他一定就是那个长着四条眉毛的陆小凤！"

"陆小凤！"

有些人在活着时就已成为传奇人物，陆小凤无疑也是这种人。

提起了他的名字，每个人的眼睛立刻都盯在他身上，只有一个人例外。

这个人居然是个女人！

她穿着件轻飘飘的，苹果绿色的，柔软的丝袍，柔软得就像皮肤一般贴在她又苗条、又成熟的胴体上。

她的皮肤细致光滑如白玉，有时看来甚至像是冰一样，几乎是透明的。

她美丽的脸上完全没有一点脂粉，那双清澈明亮的眸子，已是任何一个女人梦想中最好的装饰。

她连眼角都没有去看陆小凤，陆小凤却在全心全意地盯着她。

方玉飞笑了，摇着头笑道："这屋子里好看的女人至少总有七八个，你为什么偏偏盯上了她？"

陆小凤道："因为她不睬我。"

方玉飞笑道："你难道想所有的女人一看见你，就跪下来吻你的脚？"

陆小凤叹了口气，道："她至少应该看我一眼的，我至少不是个很难看的男人。"

方玉飞道："你就算要看她，最好也离她远一点！"

陆小凤道："为什么？"

方玉飞压低了声音，道："这女人是个冰山，你若想去动她，小心手上生冻疮！"

陆小凤也笑了。

他微笑着走过去，笔直地向这座冰山走过去，无论多高的山岭他都攀登过，现在他只想登上这座冰山。

冰山很香。

那当然不是脂粉的香气，更不是酒香。

有种女人就像是鲜花一样，不但美丽，而且本身就可以发出香气。

她无疑就是这种女人。

陆小凤现在又变得像是只蜜蜂，嗅见花香就想飞到花蕊上去。

幸好他还没有醉，总算在她身后停了下来。

冰山没有回头，纤柔而美丽的手上，拿着一叠筹码，正在考虑着，不知道是该押大的？还是该押小的？

庄家已开始在摇骰子，然后"砰"的一声，将宝匣摆下，大喝道："有注的快押！"

冰山还在考虑，陆小凤眨了眨眼，凑过头去，在她耳畔轻轻道："这一注应该押小！"

纤手里的筹码立刻押了下去，却押在"大"上。

"开！"

掀开宝匣，三粒骰子加起来也只不过七点。

"七点小，吃大赔小！"

冰山的脸色更苍白，回过头狠狠瞪了陆小凤一眼，扭头就走。

陆小凤只有苦笑。

有些女人的血液里，天生就有种反叛性，尤其是反叛男人。

陆小凤本该早就想到，她一定就是这种女人。

冰山已穿过人丛往外走，她走路的时候，也有种特别的风姿。

"像这种气质的女人，十万个人里面也没有一个，错过了实在可惜得很,你若不追上去,一定会后悔的!"陆小凤在心里劝告自己。

他一向是个很听从自己劝告的人,所以他立刻就追了上去。

方玉飞却迎了上去,慢慢道:"你真的要去爬冰山?"

陆小凤道:"我不怕得冻疮!"

方玉飞拍了拍他的肩,道:"可是你总得小心,冰山上很滑,你小心摔下来!"

陆小凤道:"你摔过几次?"

方玉飞笑了,当然是苦笑,直到陆小凤走出了门,他才叹息着喃喃道:"从这座冰山上摔下来,最多只能摔一次,因为一次已经可以把人摔死。"

02

黑暗的长巷里还是同样黑暗。

夜已很深了。

车马都停在巷外,无论什么样的人,要到银钩赌坊去,都得自己走过这段黑巷。

这使得银钩赌坊又增加了几分神秘和刺激——神秘和刺激岂非永远都是最能吸引人的?

银钩犹在风中摇晃,被这只银钩钓上的人,也许远比渔翁钓上的鱼更多千百倍。

夜色凄切,灯光朦胧。

冰山在前面走,身上已多了件淡绿的披风。

陆小凤在后面跟着,淡绿的披风在灯光下轻轻波动,他就像是个爱做梦的孩子，在追逐着一朵飘飘的流云。

黑巷里没有别的人，巷子很长。

冰山忽然回过身，盯着陆小凤，一双眸子看来比秋星还冷。

陆小凤也只好停下脚步，看着她笑。

冰山忽然道："你跟着我干什么？"

陆小凤笑道："我害你输了钱，心里也很难受，所以……"

冰山道："所以你想赔偿我？"

陆小凤立刻点头。

冰山道："你想怎么样赔偿？"

陆小凤道："我知道城里有个吃宵夜的地方，是通宵开着的，酒菜都很不错，现在夜已很深，你一定也有点饿了！"

冰山眼珠子转了转，道："这么样不好，我有更好的法子。"

陆小凤道："什么法子？"

冰山居然笑了笑，道："你过来，我告诉你。"

陆小凤当然过去了。

他想不到这座冰山也有解冻的时候，更令他想不到的是，他刚走过去，一个耳刮子已掴在他左脸上，接着右脸也挨了一下。

这冰山的出手还真快，不但快，而且重。

陆小凤也许并不是避不开，也许只因为他没想到她的出手会这么重。

不管怎么样，他的确是挨了两巴掌，几乎被打得怔住。

冰山还在笑，却已是冷笑，比冰还冷："像你这种男人我见得多了，就像是苍蝇臭虫，我一看见就想吐！"

这次她扭头走的时候，陆小凤脸皮再厚，也没法子跟上去了，只有眼睁睁地看着这朵美丽的流云从他面前飞走。

巷子很长，她走得并不很快，忽然间，黑暗中冲出了四条大汉，两个人扭住她的手，两个人抓住她的脚。

她惊呼一声,也想给这些人几个耳光,只可惜这些人绝不像陆小凤那么怜香惜玉,七手八脚,已将她硬生生抬了起来。

陆小凤的脸还在疼,本不想管闲事,只可惜他天生就是个喜欢管闲事的人,若要他看着四条大汉在他面前欺负一个女人,那简直比要他的命还难受。

四条大汉刚得手,就发现一个胡子长得像眉毛的人忽然到了他们面前,冷冷道:"先放下她,再爬出去,谁敢不听话,我就打歪他的鼻子!"

这些大汉当然都不是听话的角色,可是等到有两个人的鼻子真的被打歪之后,不听话的也只好听话了。

于是四个人都乖乖地爬在地上,爬出了巷子,两个人的鼻子一路都在滴血!

后来有人问他们:"你的鼻子怎么被打歪的?"

他们的回答是:"不知道!"

他们真的不知道,因为他们根本没有看清楚陆小凤是怎么出手的。

这时候冰山仿佛已刚刚开始融化,因为她整个人都已被吓软了,居然在求陆小凤:"我就住在附近,你能不能送我回去?"

她住得并不近,陆小凤却一点也没有埋怨,事实上,他只希望她住得愈远愈好。

因为她一直都倒在陆小凤怀里,好像已连坐都坐不直,幸好车厢里窗门都是关着的,窗帘也拉得很密。车马已走了将近半个时辰,他们也说了不少话——断断续续地说!

"我不是苍蝇,也不叫臭虫,我姓陆,叫陆小凤。"先开口的当然是他。

冰山笑了,这次是真的笑:"我姓冷,冷若霜。"

陆小凤也笑了，他觉得这名字倒真的是名如其人。

"刚才那四个人你认得？"

冷若霜摇摇头。

"他们为什么要欺负你？"陆小凤又问。

冷若霜想开口，却又红着脸垂下头。

陆小凤没有再问，男人欺负女人，有时候根本就不需要什么理由。

何况，一个像她这么样动人的少女，本身就已经是种很好的理由，足够让很多男人想要来"欺负"她。

车马走得并不快，车厢里很舒服，坐在上面就好像坐在摇篮里一样。

冷若霜身上的香气，仿佛桂花，清雅而迷人。

这段路就算真要走三天三夜，陆小凤也绝不会嫌太长。

冷若霜忽然道："我的家就住在永乐巷，靠左边第一栋屋子！"

陆小凤道："永乐巷在哪里？"

冷若霜道："刚才我们已经走过了！"

陆小凤道："可是你……"

冷若霜道："我没有叫车子停下来，因为我今天晚上不想回家去！"

陆小凤忽然发觉自己的心在跳，跳得比平常快了两三倍。

若有个像她这么样的女孩子，依偎在你身旁，告诉你今夜她不想回家去，我可以保证你的心一定跳得比陆小凤更厉害。

冷若霜道："今天晚上我一直都在输，我想换个地方，换换手气！"

陆小凤的心又冷了，很久以前他就警告自己，千万莫要自我陶醉，可是这毛病老是改不过来。

男人们又有几个能改掉这自我陶醉的毛病？

冷若霜道："你知不知道这里还有个金钩赌坊？"

陆小凤不知道，甚至连听都没有听说过。

冷若霜道："你是从外地来的，当然不会知道！"

陆小凤道："那地方很秘密？"

冷若霜眼波流动，瞟了他一眼，忽又问道："今天晚上你有没有别的事？"

回答果然是："没有！"

冷若霜道："你想不想我带你到那里去看看？"

陆小凤道："想！"

冷若霜道："可是我答应过那里的主人，绝不带陌生人进去的，你若真的想去，那也得答应我一个条件！"

陆小凤道："你说。"

冷若霜道："让我把你的眼睛蒙起来，而且答应我绝不偷看！"

陆小凤本来就想去的，现在更想去了。

他本来就是个很好奇的人，喜欢的就是这种神秘的冒险和刺激。

所以他想也没有想，立刻就说："我答应！"

他盯着她身上那件薄如蝉翼的轻罗衫，微笑着又道："你最好用厚一点的布来蒙我的眼睛，有时候我的眼睛会透视。"

03

黑暗是什么？

一个人若是日日夜夜，年年月月，都得无穷无尽地留在黑暗里，心里是什么滋味？

陆小凤忽然想到了花满楼，他觉得花满楼实在是个很伟大的人，上天虽然给了他如此般残酷的折磨,他非但毫无怨尤,对人世间的万事万物,还是充满了仁慈的同情和博爱。

要做到这一点并不容易。

陆小凤叹了口气,他眼睛被蒙上还不过片刻,就已觉得无法忍耐。

车马仿佛经过了一个夜市,然后又经过了一道流水,他听见了人声和流水声。

现在车已停下,冷若霜拉住他的手,柔声道:"你慢慢地走,跟着我走,我保证这地方绝不会让你失望的。"

她的手又细又滑又软。

现在他们好像是在往下走,风中有虫语蝉鸣,附近显然是个旷野。

然后陆小凤就听见了敲门声。

走进了门,仿佛是条通道,通道并不太长,走到尽头处,就可以隐约听见呼卢喝雉声、骰子落碗声、银钱敲击声,男人和女人的笑声。

冷若霜道:"到了!"

陆小凤松了口气,道:"谢天谢地!"

前面又响起敲门声,开门声,门开了后,里面各式各样的声音就听得更清楚。

冷若霜拉着他走进去,轻轻道:"你先在这里站着,我去找这里的主人来!"

她松开了他的手,醉人的香气立刻离他远去,忽然间,"砰"的一声,有人用力关上了门,屋子里的人声、笑声、骰子声,竟忽然也跟着奇迹般消失了。

天地间忽然变得死一般静寂。

陆小凤就像是忽然从红尘中一下子跌进了坟墓里。

这是怎么回事？

"冷姑娘，冷若霜！"

他忍不住呼唤，却没有回应，屋子里那么多人，难道也全都被缝起了嘴？

陆小凤终于拉开了蒙在眼睛上的布，然后就觉得全身上下都已冰冷僵硬。

屋子里根本没有人，连一个人都没有。

刚才那些人到哪里去了？

若说他们在这一瞬间就已走得干干净净，那是绝不可能的事。

这种绝不可能的事，是怎么会发生的？

屋子并不大，有一张床、一张桌子，桌上摆着酒菜，酒菜却原封未动。

陆小凤又不禁打了个寒噤，他忽然发现这屋子里根本就不可能有那么多人。

事实上，无论谁都看得出，这屋子里刚才根本就没有人，连一个人都没有。

可是陆小凤刚才却明明听见了很多人的声音。

他若相信自己的眼睛，就不能相信自己的耳朵，可是他的耳朵一向很灵，一向没有毛病。

这又是怎么回事？

若说一间没有人的屋子里，会凭空有各式各样的声音，那更是绝不可能的事。

这种绝不可能的事，却又偏偏让陆小凤遇见。

难道这是间鬼屋？

难道老天还觉得他遇见的怪事不够多，还要叫他真的遇见一次鬼？

陆小凤忽然笑了。

他决定绝不再想这些想不通的事，先想法子出去再说。

他出不去。

这屋子里根本没有窗户，四面的墙壁和门，竟赫然全都是好几寸厚的铁板。

陆小凤又笑了。

遇见无可奈何的事，他总是会笑。

他自己总是觉得这是他有限的几样好习惯其中之一。

——笑不仅可以使别人愉快，也可以使自己轻松。

可是现在他怎么轻松得起来？

桌上的四样下酒菜，一碟是松子鸡米，一碟是酱爆青蟹，一碟是凉拌鹅掌，一碟是干蒸火方，不但做得精致，而且都是陆小凤平时爱吃的。

布下这陷阱的人，对陆小凤平日的生活习惯，好像全都知道得很清楚。

酒是陈年的江南女儿红，泥封犹在，酒坛下还压着张纸条子：

劝君且饮一杯酒，此处留君是故人。

故人的意思就是老朋友，也只有老朋友，才会这么了解他。

但陆小凤却想不起自己的老朋友中，有谁要这么样修理他。

纸条字旁边，还有两行很秀气的字：

留君三日,且作小休,三日之后,妾当再来。

下面虽没有署名,却显见是那冰山般的冷若霜留下的。

她好像已算准了陆小凤一定会上当。

他们算得这么精,设下这圈套,为的只不过是要将陆小凤留在这里住三天?

陆小凤不信,却又猜不出他们还有什么别的目的,所以他就坐下,拿起筷子,先挑了块有肥有瘦的干蒸火方,送进自己的嘴。

筷子是银的,菜里没有毒,他们当然也知道,要毒死陆小凤并不容易。

于是陆小凤又捧过那坛酒,一掌拍开了泥封,突听"啵"的一响,一股轻烟从泥封中喷了出来,又是"砰"的一响,酒坛子跌在地上,摔得粉碎。

陆小凤看着流在地上的酒,想笑,却又笑不出。

然后他就晕了过去。

04

雾已散,繁星满天,风中不时传来蝉鸣虫语,泥土已被露水打湿。

陆小凤的衣裳也已湿透。

他醒来时,恰巧看见东方黑暗的穹苍,转变成一种充满了希望的鱼肚白色。

他醒来时,大地也正在苏醒。

等他站起来时,灰暗的远山已现出碧绿,风中也充满了从远山带来的木叶清香。

山坳间炊烟四起，近处却看不见农舍人家。

假如这里就是他昨夜停车下来的地方，那座用铁板搭的屋子呢？

假如这里不是他昨夜去的地方，他又是怎么会到这里来的？

那些人辛辛苦苦，布下个圈套，让他上了当，为的就是要把他送到荒郊野外来睡一夜？

陆小凤更不信，却还是想不出他们会有什么别的目的？

所以他就脱下了身上的湿衣裳，搭在肩上，开始大步走回去。

他就住在城里的五福客栈里，现在他只想先去洗个热水澡，好好地吃一顿、睡一觉，再来想这些想不通的问题。

五福客栈的肉包子很不错，鸡汤面也很好，床上的被单，好像还是昨天才换的。

远远看见五福客栈的金字招牌，他就已将所有不愉快的事全都忘了，因为所有愉快的事，都已在那里等着他。

谁知在那里等着他的，竟是两柄剑、四把刀、七杆红缨枪，和一条铁链子。

他刚走进门，就听见一声暴喝，十三个人已将他团团围住。

接着，又是"哗啦啦"一声响，一条铁链子，往他脖子上直套了下来。

好粗好重的一条铁链子，套入脖子的手法也很有技巧，很熟练。

陆小凤却只伸出两根手指来一夹，一条铁链子立刻被夹成了两条，被夹断的半截"叮"地跌落在地上。

拿着另外半条铁链子的人跟跄倒退几步，脸色已吓得发青，伸出一只不停发抖的手，指着陆小凤道："你……你敢拒捕？"

"拒捕？"

陆小凤看了看这人头上的红缨帽,皱眉道:"你是从衙门里来的?"

这人点点头,旁边已有人在叱喝:"这位就是府衙里的杨捕头,你敢拒捕,就是叛逆!"

陆小凤道:"你们是来拿我的?我犯了什么罪?"

杨捕头冷冷地笑道:"光棍眼里不揉沙子,真人面前不说假话,人证物证俱在,你还装什么蒜?"

陆小凤道:"人证在哪里?物证在哪里?"

柜台后面坐着七八个人,穿着虽然都很华丽,脸色却都很难看,一个个指着陆小凤,纷纷呼喝:"就是他!"

"昨天晚上,就是这个脸上长着四条眉毛的恶贼,强奸了我老婆!"

陆小凤怔住。

杨捕头厉声道:"你昨晚上,一夜之间作了八件大案!这就是人证。"

另一个戴着红缨帽的官差,指着堆在柜台后面地上的包袱,道:"这都是从你屋里搜出来的,这就是物证。"

陆小凤笑了,道:"我若真的偷了人家东西,难道会就这么光明正大地摆在屋子里,难道我看来真的这么笨?"

杨捕头冷笑道:"听你的口气,难道还有人冒险去抢了这么多东西来送给你?难道你是他的亲老子么?"

陆小凤又说不出话了。

突听一个人冷冷道:"杀人越货,强奸民妇,全都不要紧,只要我们不管这件事,还是一样可以逍遥法外。"

远处角落里摆着张方桌,桌上摆着一壶茶、一壶酒,三个穿着墨绿绣花长袍,头戴白玉黄金高冠的老人,阴森森地坐在那里,两个人在喝茶，一个人在喝酒。

说话的人，正是这个喝酒的人——喝酒的人是不是总比较多话？

陆小凤又笑了，道："杀人越货，强奸民妇，全都不要紧？什么事才要紧？"

喝酒的老人翻了翻白眼，目中精光四射，逼视着陆小凤，冷冷道："不管你做什么事都不要紧，但你却不该惹到我们身上来！"

陆小凤道："你们是哪一方的神圣？"

绿袍老人道："你不认得？"

陆小凤道："不认得！"

绿袍老人端起酒杯，慢慢地啜了口酒，他举杯的手干枯瘦削如鸟爪，还留着四五寸长的指甲，墨绿色的指甲。

陆小凤好像没看见。

绿袍老人道："现在你还是不认得？"

陆小凤道："不认得！"

绿袍老人冷笑了一声，慢慢地站起来，大家就看见绣在他前胸衣裳上的一张脸，眉清目秀，面目娟好，仿佛是个绝色少女。

等他站直了，大家才看出绣在他衣服上的，竟是个人首蛇身、鸟爪蝠翼的怪兽。

大家虽然不知道这怪兽的来历，这怪兽虽然只不过是绣在衣服上的，可是只要看见它的人，就立刻会觉得有种说不出的寒意从心里升起，禁不住要激灵灵打个寒噤。

陆小凤还是好像看不见。

绿袍老人道："现在你认不认得？"

陆小凤道："还是不认得！"

绿袍老人干枯瘦削的脸，似乎也已变成墨绿色，忽然伸出手，往桌上一插。

只听"夺"的一响，他五根鸟爪般的指甲，竟全都插入桌子里，等他再抬起手，两三寸厚的木板桌面，已赫然多了五个洞。

又是"哗啦啦"一声响，半截铁链子落在地上，杨捕头已吓得连手脚都软了。

屋子里忽然有了股说不出的恶臭，三个捕头夺门而出，裤管已湿透。

陆小凤也不能再装作看不见了，终于叹道："好功夫！"

绿袍老人冷笑道："你也认得出这是好功夫？"

陆小凤微笑点头。

其实他早已看出这三个怪异老人的来历，他脸上虽在笑，手里也在捏把冷汗。

绿袍老人忽然闭起眼睛，仰面向天，曼声而吟。

"九天十地，诸神诸魔，俱入我门，唯命是从！"

陆小凤又叹了口气，道："现在我总算已知道你们是谁了！"

绿袍老人冷笑。

陆小凤苦笑道："但我却还是不知道，我有什么地方得罪了你们？"

绿袍老人盯着他，忽然挥了挥手。

后面的院子里立刻响起了一阵怪异的吹竹声，如怨妇悲哭，如冤鬼夜泣。

然后就有四个精赤着上身，胸膛上刺满了尖针的大汉，抬着块很大的木板走进来，木板上堆满了墨绿色的菊花。

这些大汉们两眼发直，如痴如醉，身上虽然插满了尖针，却没有一滴血，也没有痛苦，脸上反而带着种鬼诡可怕的微笑。

坐着喝茶的老人也站了起来，三个人一起走到这块堆满墨菊的木板前合十顶礼，喃喃地念道："九天十地，诸神诸魔，俱来护驾，同登极乐！"

陆小凤忍不住走过去，从木板上拈起了一朵菊花，一只手忽然冰冷。

他刚拈起这朵菊花，就看见花下有一只眼睛，在直勾勾地瞪着他。

这只眼睛白多黑少，眼珠子已完全凸出，带着种说不出的惊惶恐惧。

陆小凤倒退了几步，长长吐了口气，道："这个人是谁？"

绿袍老人冷冷道："现在已是个死人！"

陆小凤道："他活着的时候呢？"

绿袍老人又闭上眼睛，仰面向天，缓缓道："九天十地，诸神之子，遇难遭劫，神魔俱泣。"

陆小凤动容道："难道他是你们教主的儿子？"

绿袍老人道："哼！"

陆小凤道："难道他是死在我手上的？"

绿袍老人冷冷道："杀人者死！"

陆小凤又倒退了两步，长长吐出口气，忽然笑道："有人要抓我去归案，有人要我死，我只有一个人，怎么办呢？"

绿袍老人冷冷地看了杨捕头一眼，道："你一定要他去归案？"

杨捕头道："不……不……不一定！"

一句话未说完，已"扑通"一声跪在地上，竟连腿都吓软了！

陆小凤叹道："这么样看来，好像我已非死不可。"

绿袍老人道："但是我也知道，你临死之前，必定还要拼一拼！"

陆小凤道："一点也不错！"

他忽然出手，夺下了一口剑、一把刀，左手刀，右手剑，左劈右刺，一连三招，向绿袍老人攻出去，不但招式怪异，居然还能一心两用。

绿袍老人冷笑道："你这是班门弄斧！"

一心二用，正是他教中的独门秘技，陆小凤三招攻出，他已看出了破法，已经有把握在三招中叫陆小凤的刀剑同时脱手。

就在这时，突听"锵"的一声，陆小凤竟以自己左手的刀，猛砍在右手的剑上。

刀剑相击，同时折断。

绿袍老人竟看不懂他用的这是什么招式，只看见两截折断了的刀剑，同时向他飞了过来。

陆小凤的人，也已凌空飞起，用力掷出了手里的断刀折剑，人却向后倒蹿了出去。

没有人能形容这种速度，甚至连陆小凤自己都想不到自己能有这种速度。

一个人在挣扎求生时所发挥的潜力，本就是别人难以想象的。

门外有风。

陆小凤在风中再次翻身，趁着一股顺风，掠上了对面的屋脊。

还没有人追出来，绿袍老人凄厉的呼声已传了出来："你杀了诸神之子，纵然上天入地，也难逃一死。"

05

陆小凤既没有上天，也没有入地，他又到了银钩赌坊外那条长巷，雇了辆马车，再回到今天早上他醒来时那地方去。

这究竟是怎么回事，现在他总算有几分明白。

那些人要他在荒郊野外睡一夜，只不过想陷害他，要他背黑锅。

他自己也知道，昨天晚上他遭遇到的事，说出来也不会有人信。

那位冰山般的美人，当然更不会替他作证，何况她现在早已芳踪杳杳，不见踪影。

他只有自己找出证据来，才能替自己洗清这些百口难辩的罪名。

车子走了一段路，果然经过夜市的市场，然后又经过一道流水，才到了今晨他醒来的地方。

——难道他昨天晚上真是走的这条路？

——难道这地方真是昨夜冷若霜拉着他走下来的地方？

但这里却偏偏是一片荒野，连个草寮都没有，哪里来的金钩赌坊？

陆小凤躺了下来，他躺在一棵木叶已经枯黄的大树之下，看着黄叶一片一片地被风吹下来，吹在他的身上。

泥土还是潮湿的，冷而潮湿。

他的人也刚刚冷静。

——我明明走的是这条路，到了金钩赌坊，可是这里却没有屋子。

——我明明听见屋里有人声，可是屋子里却连一个人影都没有。

——纸条上明明是要我在那里留三天，却又偏偏把我送走。

他愈想愈觉荒谬，这荒谬的事，连他自己都不信，何况别人？

他既没法子证明自己的行踪，难道就得永远替人背黑锅？

陆小凤叹了口气，实在连笑都笑不出了。

树后面好像有只小鸟在吱吱喳喳地叫个不停，陆小凤皱着眉，敲了敲树干，落叶纷飞，后面的小鸟居然还在叫，还没飞走。

这只小鸟的胆子真不小。

陆小凤忍不住用一只手支起了头，往后面看去，谁知树后吱吱喳喳的鸟语，竟然变成了汪汪的狗叫。

一只鸟怎么会变成一条狗的？这岂非也是绝不可能的事？

陆小凤正在奇怪，忽然看见树后伸出一个孩子的头来，朝他吐了吐舌头，做了个鬼脸。

原来狗吠和鸟语，都是这孩子学出来的，他显然是个聪明的孩子，学得居然惟妙惟肖。

这孩子又向陆小凤挤了挤眼睛，道："我还会学公狗和母狗打架，你若给我两文钱，我就学给你听！"

陆小凤的眼睛发亮了，忽然跳起来，抱起这孩子来亲了亲，又塞了一大锭银子在他怀里，不停地说："谢谢你，谢谢你！"

孩子不懂，眨着眼道："你给了我这么多银子，为什么还要谢我？"

陆小凤道："因为你刚救了我的命。"

他大笑着，又亲了亲这孩子的脸，也学了三声狗叫，一个跟斗翻出去两丈。

孩子吃惊地看着他，直到很多很多年之后，这孩子已长大成人，跟朋友谈起这件事，还确定那天自己遇见的是个疯子。

"可是那样的疯子实在少见得很。"他向他的朋友们保证，"他不但很有钱，而且很开心，我保证你们从来没有遇见过那么开心的疯子。"

若有人告诉他，这"开心的疯子"刚上了个天大的当，又受了天大的冤枉，几乎连命都难保，我也可以保证他绝不会相信。

06

——你若要别人不断地花钱，不但要让他花得愉快，而且还得让他有赚钱的时候。

蓝胡子一向是个有原则的人，这就是他的原则。

所以银钩赌坊并不是十二个时辰都在营业的，不到天黑，绝不开赌，未到天亮，赌已结束。

——白天是赚钱的时候,就该让别人去赚,晚上才有钱花。

现在天还没有黑。

陆小凤穿过静寂的长巷,走进银钩赌坊时,赌台还没有开。

门却是开着的,天黑之前,本不会有人进来,这里的规矩熟客人都知道。

不熟的客人,这里根本不接待。

陆小凤推门走进去,刚脱下新买的黑披风,摘下低压在眉毛上的大风帽,已有两条彪形大汉走过来,挡住了他的路。

无论什么样的赌场里,一定都养着很多打手,银钩赌坊里的打手也不少,大牛和瞎子正是其中最可怕的两个。

瞎子其实不是真的瞎子,正在用一双白多黑少的怪眼上上下下地打量着陆小凤,冷冷道:"这地方你来过没有?"

陆小凤道:"来过。"

瞎子道:"既然来过,就该知道这地方的规矩!"

陆小凤道:"赌场也有规矩?"

瞎子道:"不但有规矩,而且比衙门的规矩还大。"

陆小凤笑了。

大牛瞪眼道:"不到天黑,就算天王老子来,我们也一样要请他出去!"

陆小凤道:"难道我进去看看都不行?"

大牛道:"不行!"

陆小凤叹了口气,提着披风走出去,忽又转过身,道:"我敢赌五百两银子,赌你一定没法子举起这石凳子来。"

门内走廊上,一边摆着四个石凳子,分量的确不轻。

大牛冷笑着,用一只手举起了一个。

这小子若不是力大如牛,别人又怎么会叫他"大牛"?

陆小凤又叹了口气，苦笑道："看样子这次是我输了，这五百两银子已经是你的！"

他居然真的拿出张五百两的银票，用两根手指拈着，送了过去。

五百两这数目并不小，两个人到杏花阁去喝酒，连酒带女人乐一夜，也用不了二十两。

大牛还在迟疑，瞎子已替他接了过来——见了钱，连瞎子都开眼。

银票当然是货真价实的。

瞎子脸上已露出笑容，道："现在离天黑已不远，你到外面去转一转再回来，我可以替你找几个好角，痛痛快快地赌一场！"

陆小凤微笑道："我就在这里面转一转行不行？"

大牛抢着道："不行！"

陆小凤沉下了脸，道："既然不到天黑，绝不开赌，你刚才为什么要跟我赌？"

大牛道："我没有！"

陆小凤冷冷道："你若没有跟我赌，为什么收了我五百两银子？"

大牛急得涨红了脸，连脖子都粗了，却又偏偏没法子反驳。

讲理讲不过别人的时候，只有动拳头。

大牛的拳头刚握紧，忽然看见这个脸上好像有四条眉毛的小子，用手指在他刚放下的石凳子上一戳，这石凳子赫然多了一个洞。

他的脸立刻变得发青，握紧的拳头也已松开。

瞎子干咳了两声，用手肘轻轻撞了撞他，满面堆笑，笑道："现在反正天已快黑了，这位客人又是专程来的，咱们若真把人家赶出去，岂非显得太不够意思！"

大牛立刻点头，道："反正这里既没有灌铅的骰子，也没有藏着光屁股的女人，咱们就让他到处看看也没关系！"

他看来虽然像条笨牛，其实一点也不笨。

陆小凤又笑了，微笑着拍了拍他的肩，道："好，够朋友，赌完我请你们到杏花阁喝酒去！"

杏花阁是城里最贵的妓院，气派却还是远不及这里大，布置也远不及这里华丽。

一眼看过去，这大厅真是金碧辉煌，堂皇富丽，连烛台都是纯银的，在这种地方输个千儿八百两银子，没有人会觉得冤枉。

大厅里摆满了大大小小、各式各样的赌桌，只要能说出名堂的赌具，这里都有。

四面的墙壁粉刷得像雪洞一样，上面挂满了古今名家的字画。

最大的一幅山水，挂在中堂，却是个无名小卒画的，把云雾凄迷的远山，画得就像是打翻了墨水缸一样。

这幅画若是挂在别的地方，倒也罢了，挂在这大厅里，和那些名家杰作一比，实在是不堪入目，令人不敢领教。

陆小凤却好像对这幅画特别有兴趣，站在前面左看右看，上看下看，居然看得舍不得走。

大牛和瞎子对望了一眼，两个人脸上的表情都很奇怪。

瞎子两眼翻白，忽然道："这幅画是我们老板以前那位大舅子画的，简直画得比我还糟，那边有幅江南第一才子唐解元的山水，那才叫山水！"

大牛立刻接着道："我带你过去看看，你就知道这幅画简直是狗屁了！"

陆小凤道："我宁可看狗屁！"

大牛道："为什么？"

陆小凤笑了笑，道："山水到处都可看见，狗屁却少见得很！"

大牛怔住，一张脸又急得通红。

人家看人家的狗屁，他着的什么急？

瞎子又悄悄向他打了个眼色，两个人悄悄转到陆小凤身后，忽然同时出手，一左一右，将陆小凤一下挟了起来。

陆小凤居然完全不能反抗。

瞎子冷笑道："这小子鬼鬼祟祟，一看就不是好东西，留不得他！"

大牛道："对，咱们先请他出去，废了他一双手再说！"

两个人一击得手，洋洋得意，就好像老饕刚抓住肥羊。

只可惜这条肥羊非但不肥，而且不是真的羊，却是条披羊皮的老虎。

他们正想把陆小凤挟出去，忽然觉得这个人变得重逾千斤，他们自己的人反而被举了起来。

陆小凤双臂一振，"咚"的一声响，大牛的脑袋，就不偏不倚恰巧撞上了瞎子的脑袋，两个人的脑袋好像都不软。

所以两个人一下子就晕了过去。

陆小凤放了这两个人，抬起头，又看了看墙上的山水，摇着头叹了口气，喃喃道："你们说得不错，这幅画实在是狗屁！"

他忽然伸出手，把这幅一丈多长、四五尺宽的山水扯了下来，后面竟有扇暗门。

陆小凤眼睛亮了，微笑着又道："画虽然狗屁，真正的狗屁，看来还在后面哩！"

开赌场当然是种不正当的职业，干这行的人，生活当然也很不正常，连吃饭睡觉的时候都跟别人完全不一样。

现在正是他们吃饭的时候，所以大厅里只有大牛和瞎子留守。

这两个人倒了下去。

陆小凤搓了搓手,闭上了眼睛,用一根手指沿着墙上的门缝摸上去,上上下下摸了两遍,忽然用力一推,低喝道:"开!"

就像是奇迹一样,这道暗门果然开了,从门后面十来级石阶走下去,下面就是条地道。

地道里燃灯。灯下又有道门,门边两条大汉,佩刀而立。

两个人眼睛发直,就像是木头人一样,陆小凤明明就站在他们面前,他们偏偏好像没看见。

陆小凤轻轻咳嗽了一声,这两个人居然也听不见。

只听"咯"的一响,石阶上的暗门突然又关了起来。

陆小凤试探着往前走,这两条大汉既不动,也不喊,更没有阻拦。

他索性伸手去推门,居然立刻就推开了。

门里面灯光辉煌,坐着三个人,其中竟有两个是陆小凤认得的。

一个艳如桃李的绝色丽人,手托着香腮,坐在盛满了琥珀美酒的水晶樽旁,她冷冷地看着陆小凤,冷冷地说道:"你怎么到现在才来?"

第二章

西方玉罗刹

01

"这女人是座冰山，你若想去动她，小心手上生冻疮。"

琥珀的酒，透明的水晶樽，轻飘飘的，苹果绿色的轻衫。

这冰山般的女人就坐在这里，就坐在方玉飞的正对面。

"冰山上很滑，你小心摔下来！"

方玉飞正在微笑，微笑着向陆小凤举杯。

陆小凤也笑了，大笑。

方玉飞道："听说你很生气的时候也会笑！"

陆小凤笑个不停。

方玉飞的笑却已变成苦笑，道："我知道你在生我的气，可是我劝过你！"

陆小凤笑道："我记得的确有个朋友劝过我，劝我莫要爬冰山，我那个朋友叫方玉飞！"

方玉飞展颜道："我知道你一定记得的！"

陆小凤道："你知道？难道你真的就是那个方玉飞？"

方玉飞又叹了口气，苦笑道："我本来也想扮成别人的，却又扮得不像！"

陆小凤道:"你至少可以扮成陆小凤!"

方玉飞脸色变了变,连苦笑都笑不出了。

陆小凤已转过头,微笑道:"你呢?你是不是那个冷若霜?"

方玉飞又抢着道:"她不姓冷!"

陆小凤道:"你知道她是谁?"

方玉飞道:"谁也没有我知道得清楚!"

陆小凤道:"为什么?"

方玉飞道:"因为她出生的时候我就在旁边。"

陆小凤道:"她就是你妹妹!"

方玉飞道:"她就是方玉香!"

陆小凤又笑了。

坐在他兄妹之间的,是个穿着很讲究,神态很斯文,风度也很好的中年人,长得更是眉目清秀,唇红齿白,年轻的时候,一定有很多人会说他像女孩子,现在虽然年纪大了,陆小凤还是看他像是个女孩子。

这人也正在微笑。

陆小凤看看他,道:"既然她是方玉香,你就应该是蓝胡子!"

这人微笑道:"我本来就是!"

陆小凤道:"可是你没有胡子,黑的、白的、红的、蓝的都没有!"

蓝胡子道:"你有凤?"

陆小凤道:"没有!"

蓝胡子道:"陆小凤可以没有凤,蓝胡子当然也可以没有胡子!"

陆小凤又盯着他看了半天,苦笑着道:"你说得虽然有理,但我却还是想不通,像你这么样一个人,为什么要叫蓝胡子?"

蓝胡子道:"开赌场并不是件容易的事,你若吃不住别人,别人就会要来吃你,像我这样的人,本不该吃这行饭的。"

陆小凤道:"因为别人看你这么斯文秀气,一定会认为你是好欺负的人,就想来吃你!"

蓝胡子点点头,叹道:"所以我只好想个特别的法子!"

陆小凤道:"什么法子?"

蓝胡子没有直接回答这句话,却转过头去,用长袖掩住了脸。

等他再回过头来时,一张脸已变了,变得青面獠牙,粗眉怒目,而且还多了一嘴大胡子,黑得发蓝的胡子。

陆小凤怔了怔,忽然大笑道:"现在我总算明白了,蓝胡子果然有两套,果然没让我失望。"

蓝胡子笑了笑,道:"陆小凤果然是陆小凤,也没有让我失望!"

陆小凤道:"哦?"

蓝胡子道:"我们早就已算准,你迟早总会找到这里来的!"

陆小凤叹了口气道:"我自己倒没有想到我能找到这里来!"

蓝胡子道:"可是你来了!"

陆小凤道:"那只不过因为我运气好,遇见了个会学狗叫的孩子!"

蓝胡子道:"会学狗叫的孩子很多!"

陆小凤道:"但有些人除了会学狗叫外,单凭一张嘴,就能发出各式各样的声音!"

蓝胡子又笑了笑,道:"我就知道一个人,甚至可以把流水的声音、车子过桥的声音、很多人买东西讨价还价的声音,都学得像真的一样!"

陆小凤道:"看来这个人不但会口技,还会腹语!"

蓝胡子道:"想不到你也是内行!"

陆小凤道:"一百样事里,有八十样我是内行,像我这样聪明的人,本该发大财的,只可惜我有个毛病!"

蓝胡子道:"哦?"

陆小凤道:"我喜欢女人,尤其喜欢不该喜欢的女人。"

他叹了口气,接着道:"所以我虽然又聪明、又能干,却还是时常上当!"

蓝胡子微笑道:"没有上过女人当的男人,就根本不能算是个真正的男人!"

陆小凤叹道:"就因为我是个货真价实的男人,所以才会自告奋勇去做你老婆的护花使者,坐在马车里陪她兜圈子,还像个呆子一样,乖乖地让她蒙起眼睛!"

蓝胡子道:"那时你想不到她又把你带回这里?"

陆小凤道:"直到我遇见那孩子后,才想到我们经过的夜市和流水,全都在一个人的嘴里!"

蓝胡子笑道:"这人不但会口技,还会赶马车。"

陆小凤道:"那空房子里的声音,当然也是他装出来的!"

蓝胡子道:"不是!"

陆小凤怔了怔,道:"不是?空房子也能发出声音?"

蓝胡子道:"那空房子就在赌场下面,只要打开个通气孔,上面的声音就传了下来!"

陆小凤苦笑道:"难怪我一直想不通她是怎么走出那屋子的!"

蓝胡子道:"现在你当然已想到,我们为什么要这样做了?"

陆小凤道:"你们故意整得我晕头转向,让我自己也弄不清自己昨天晚上究竟在哪里,再冒充我去作案,让我来替你们背黑锅!"

蓝胡子道:"不对!"

陆小凤道:"真的不对?"

蓝胡子道:"我并不想要你背黑锅,只不过想要你替我们去做一件事!"

方玉飞接着道:"只要这件事成功,我们立刻把你的冤枉洗清,而且随便你要什么都行!"

陆小凤冷笑道:"我要你做我的大舅子行不行?"

蓝胡子道:"行!"

他微笑着又道:"朋友如手足,妻子如衣服,衣服随时都可以换的!"

陆小凤道:"你换过几次?"

蓝胡子道:"只换过一次,用四个换了一个!"

陆小凤大笑,道:"想不到你这种人居然也会做蚀本生意!"

后面的壁架上摆着几卷画,蓝胡子抽出了一卷,交给陆小凤。

陆小凤道:"这是谁的画?"

蓝胡子道:"李神童!"

陆小凤道:"李神童是何许人也?"

蓝胡子道:"是我以前的小舅子!"

陆小凤已接过了这幅画,立刻又推出去,道:"别人的画我都有兴趣,这位仁兄的画我却实在不敢领教。"

蓝胡子笑道:"但你却不妨打开来看看,无论多可怕的画,只看两眼也吓不死人的!"

陆小凤苦笑道:"我倒不怕被吓死,只怕被气死!"

他毕竟还是把这卷画展开,上面画的居然是四个女人——

三个年轻的女人有的在摘花,有的在扑蝴蝶,还有个年纪比较大,样子很严肃的贵妇人,端端正正地坐在花棚下,好像在监视着她们。

蓝胡子道:"这四个女人本来都是我的妻子!"

陆小凤看了看画上的女人,又看了看方玉香,喃喃道:"原来你这趟生意做得也不蚀本!"

蓝胡子道:"我那小舅子天不怕,地不怕,就怕他姐姐,画这幅画时,当然不敢把姐姐画得太难看,却把别人画得丑了些,只看这幅画,你就算找到她们,也未必能认得出来!"

陆小凤瞪眼道:"我为什么要去找她们?"

蓝胡子道:"因为我要你去找的!"

陆小凤道:"难道你想把自己不要的女人推给我?"

蓝胡子道:"我只不过要你去问她们讨回一件东西来!"

陆小凤道:"什么东西?"

蓝胡子道:"罗刹牌。"

陆小凤皱起了眉,连脸色都好像有点变了。他没有见过罗刹牌,可是他也听说过。

罗刹牌是块玉牌,千年的古玉,据说几乎已能比得上秦王不惜以燕云十八城去换的和氏璧。

玉牌并不十分大,正面却刻着七十二天魔、三十六地煞,反面还刻着部梵经,从头到尾,据说竟有一千多字。

蓝胡子道:"这块玉牌不但本身已价值连城,还是西方魔教之宝,遍布天下的魔教弟子,看见这面玉牌,就如同看见教主亲临!"

陆小凤道:"我知道。"

蓝胡子道:"你当然知道!"

陆小凤道:"但我却不知道这块玉牌怎么会到你手上的?"

蓝胡子道:"有人输得脱底,把它押给了我,押了五十万两,一夜之间又输得精光!"

陆小凤笑道:"这人倒真能输!"

蓝胡子道:"十三年来,在银钩赌坊里输得最多的就是他!"

陆小凤道:"那时你还不知道他是谁?"

蓝胡子道:"我只知道他姓玉,叫玉天宝,却连做梦也没有想到他就是西方玉罗刹的儿子!"

西方玉罗刹究竟是怎么样的人?是男是女,是丑是美?

没有人知道。没有人见过他的真面目。

可是每个人都相信,近年来武林中最神秘、最可怕的人,无疑就是他!

他不但身世神秘,还创立了一个极神秘、极可怕的教派——西方魔教。

陆小凤道:"当时他是一个人来的?"

蓝胡子道:"不但是一个人来的,而且好像还是第一次来到中原!"

年轻人久居关外,又有谁不想来见识见识中原的花花世界。

陆小凤叹了口气,道:"也许就因为他是第一次来,所以一下子就掉了下去!"

蓝胡子道:"我认出了他的来历后,本不敢接下他的玉牌,可是他却非要我收下不可!"

陆小凤道:"他一定急着想要那五十万两银子作赌本。"

蓝胡子道:"其实他并不是急着要翻本,他输得起!"

陆小凤道:"喜欢赌的人,就喜欢赌,输赢都没关系,可是没有赌本就赌不起来,有很多人为了找赌本,连老婆都可以押出去!"

蓝胡子道:"只不过老婆可以不必赎,他这块玉牌却非赎回去不可,所以我收下他的玉牌后,真是胆战心惊,不知道该藏在哪里才好!"

陆小凤道:"你藏在哪里?"

蓝胡子道:"本来是藏在我床底下的一个秘密铁柜里。"

陆小凤道:"现在呢?"

蓝胡子叹了口气，道："现在已不见了！"

陆小凤道："你知道是谁拿走的？"

蓝胡子道："那铁柜外还有三道铁门，只有两个人能打得开！"

陆小凤道："除了你之外还有谁？"

蓝胡子道："李霞！"

陆小凤道："就是坐在花棚下看书的这个？"

蓝胡子冷笑，道："她嫁给我已十多年，我好像从来也没有看见她拿过一本书！"

陆小凤道："她嫁你已十几年，你随随便便地就把她休了！"

蓝胡子道："我给了她们每个人五万两！"

陆小凤冷冷道："用五万两银子，就买了一个女人十几年的青春，这生意倒做得！"

蓝胡子叹道："我也知道她们一定不满意，所以就……"

陆小凤道："就偷走了那块玉牌出气？"

蓝胡子苦笑道："可是她做得也未免太狠了些，她明明知道我若交不出玉牌来，西方魔教门下的人一定不会放过我的。"

陆小凤道："爱之深，恨之切，也许她就是想要你的命！"

蓝胡子道："但我却并不想要她的命，我只想把玉牌要回来！"

陆小凤道："你知道她的下落？"

蓝胡子道："她已出关，本来好像要往北走，不知为了什么，却在松花江上的拉哈苏附近停留了下来，好像准备在那里过冬。"

陆小凤道："现在已经是十月，你真的要我到万里之外，那个冷得可以把人鼻子都冻掉的鬼地方去找人？"

蓝胡子道："你可以先找块羊皮把鼻子盖住！"陆小凤不说话了。

蓝胡子道："你若有什么意见，也不妨说出来大家商量！"

陆小凤沉吟着，道："我只有一句话要说！"

蓝胡子道:"只有一句话?"

陆小凤道:"这句话只有两个字!"

蓝胡子道:"两个字?"

陆小凤道:"再见!"

说完了这两个字,他站起来就走。

蓝胡子居然没有阻拦他,反而微笑道:"你真的要走了?不送不送!"

他就算要送也来不及了,陆小凤就像是只受了惊的兔子,早已蹿出了门。

门外的两条大汉还是木头人一样地站着,只听方玉飞在屋里叹息着道:"放着这么好的酒不喝就走了,实在可惜。"

方玉香冷冷道:"有的人天生贱骨头,敬酒不喝,偏偏要吃罚酒!"

陆小凤只有装作听不见。

这几个月来他惹的麻烦已太多,他决心要好好休养一阵子,绝不再管别人闲事。

何况,欧阳情还在京城里,一面养伤,一面陪西门吹雪的新婚夫人生产。

他答应过她们,开始下雪的时候,他一定回京城陪她们吃涮羊肉。

想到欧阳情那双脉脉含情的眼睛,他决定明天一早就动身回京城去。

十八级石阶,他三脚两步就跨了上去,上面的密门虽然又关了起来,他有把握能打开。

"银钩赌坊……冰山美人……铁打的空屋子……西方玉罗刹……"

他决心把这些事都当作一场噩梦。只可惜这些事全都不是梦。

他刚将密门推开一线,就听见外面有人带着笑道:"你老人家要喝酒,要赌钱,都算我的!"

另一个人冷冷道:"算你的?你算什么东西?"

这人说话的声音生硬尖刻,自高自大,好像一开口就要骂人。

陆小凤叹了口气,连看都不必看,就已知道这人是谁了!

但他却还是忍不住要看,用一根手指把门外挂的那幅画拨开一点,就看见了那个衣服上绣着怪兽的绿袍老人,正背着双手站在门口,目光炯炯,不停地东张西望。

在他后面赔着笑说话的,却是那平时官腔十足的杨捕头。

再往旁边看,另外两个绿袍老人也来了,脸色也是同样严肃冷漠,眼睛也同样亮得可怕,两边太阳穴高高凸起,就像是两个肉球一样,稍微有点眼力的人一定都看得出,他们的内功都已深不可测。

——这三个老怪物是从哪里钻出来的?

陆小凤又叹了口气,轻轻地拉起门,一个跟斗倒翻下石阶。

那两个木头人一样的大汉看着他走回来,眼睛里也仿佛有了笑意。

这次陆小凤好像根本没有看见他们,大摇大摆地走进去,还大声道:"你们快准备酒吧,敬酒不吃,吃罚酒的人来了。"

酒早已准备好。

陆小凤一口气喝了十三杯,方家兄妹和蓝胡子就看着他喝。

"我们早就知道你会回来的!"这句话他们并没有说出来,也不必说出来。

陆小凤又喝了三杯,才歇了口气,道:"够不够?"

蓝胡子笑了笑,道:"罚酒是不是真的比敬酒好喝?"

陆小凤也笑了笑，道："只要不花钱的酒都好喝！"

蓝胡子大笑，道："那么我就再敬你十六杯！"

陆小凤道："行。"

他居然真的又喝了十六杯，然后就一屁股坐在椅子上，两眼发直，直勾勾瞪着蓝胡子，忽然说道："你真的怕西方玉罗刹？"

蓝胡子道："真的！"

陆小凤道："但你却有胆子杀玉天宝！"

蓝胡子道："我没有这么大的胆子，他并不是死在我手里的！"

陆小凤道："真的不是？"

蓝胡子摇摇头，道："但我却知道凶手是谁，只要你能替我找回罗刹牌，我就能替你找出凶手来，交给岁寒三友！"

陆小凤道："岁寒三友？是不是昆仑绝顶'大光明境'小天龙洞里的岁寒三友？"

蓝胡子道："他们隐居在那里已二十年，想不到你居然也知道他们！"

陆小凤叹了口气，道："我也想不到他们居然还没有死！"

蓝胡子道："你只怕更想不到他们现在都已是西方玉罗刹教中的护法长老！"

陆小凤道："他居然能把这三个老怪物收服，看来本事倒真不小！"

蓝胡子道："幸好我还有个对付他的法子！"

陆小凤道："什么法子？"

蓝胡子道："先找回罗刹牌还给他，再找出杀他儿子的凶手交给他，然后就躲得远远的，永远再也不去惹他。"

陆小凤苦笑道："看来这只怕已经是唯一的法子了！"

蓝胡子道："所以你最好趁还不太冷，赶快到'拉哈苏'去！"

陆小凤道:"你能确定你那个李霞一定在那里?"

蓝胡子道:"她一定在!"

陆小凤道:"你怎么知道的?"

蓝胡子道:"我当然有法子知道!"

陆小凤道:"到了那里,我就一定能够找得到她?"

蓝胡子道:"只要你肯去,就算找不到她,也有人会帮你去找!"

陆小凤道:"什么人?"

蓝胡子道:"你一到那里,自然就有人会跟你联络!"

陆小凤道:"谁?"

蓝胡子道:"你去了就会知道的!"

陆小凤道:"那三个老怪物堵在外面,我怎么出去?"

蓝胡子笑了笑,道:"狡兔三窟,这地方当然也不会只有一条出路!"

他转过身,扳开了后壁上的梨花门,就立刻又出现了扇密门。

陆小凤什么话都不再说,站起来就走。

蓝胡子道:"你也不必怕他们去追你,他们若知道你是去找罗刹牌的,绝不会碰你一根寒毛。"

陆小凤绕过桌子,从后面的密门走出去,忽又回头,道:"我还有件事要问!"

蓝胡子在听。

陆小凤道:"玉天宝既然是西方玉罗刹的儿子,当然绝不会太笨!"

蓝胡子承认。

陆小凤道:"那么是谁赢了他那五十万两银子?"

方玉香道:"是我!"

陆小凤笑了。

方玉飞叹道:"只可惜来得容易,去得也快,不到两天,她又把那五十万两输了出去!"

陆小凤道:"输给了谁?"

蓝胡子道:"输给了我!"

陆小凤大笑。"这才叫龙配龙,凤配凤,赌鬼配赌鬼,臭虫配臭虫!"

他大笑着走出去,外面还有扇门,伸手去敲敲,"叮叮"地响,果然是铁铸的。

再走过条地道,走上十来级石阶,就可以看见满天星光。

星光灿烂,夜已很深了。

一阵风吹过来,陆小凤忽然觉得很冷,因为他忽然想到了他马上就要去那段遥远的路,想到了那冰封千里的松花江,想到了那冰上的拉哈苏。

他忽然觉得冷得要命。

现在还是秋天。

残秋。

第三章

缺了半边的人

01

大家都知道陆小凤是个浪子。

流浪也是种疾病,就像是癌症一样,你想治好它固然不容易,想染上这种病也同样不容易。

所以无论谁都不会在一夜间变成浪子,假如有人忽然变成浪子,一定有某种特别的原因。

据说陆小凤在十七岁那年,就曾经遇到件让他几乎要去跳河的伤心事,他没有去跳河,只因为他已变成浪子。

浪子是从来不会去跳河的——除非那天的河水碰巧很温暖,河里碰巧有个美丽的女孩子在洗澡,他又碰巧是个水性很好的人。

浪子们一向不愿意虐待自己,因为这世上唯一能照顾他们的人,就是他们自己。

陆小凤对自己一向照顾得很好,有车坐的时候,他绝不走路,有三两银子一天的客栈可以住,他绝不住二两九的。

天福客栈中"天"字号的几间上房,租金正是三两银子一天。

到天福客栈去住过的人,都认为这三两银子花得并不冤。

宽大舒服的床、干净的被单、柔软的鹅毛枕头，还随时供应洗澡的热水。

陆小凤正躺在床上，刚洗过热水澡，吃了顿舒服的晚饭，还喝了两斤上好的竹叶青。

无论谁在这种情况下，唯一应该做的事，就是闭起眼睛来睡一觉。

他已闭上了眼睛，却偏偏睡不着，他有很多事要去想——这件事其中好像还有些漏洞，可是他又偏偏想不出。

只要他一闭上眼睛，眼前就会出现两个女人。

一个女人穿着件轻飘飘的、苹果绿色的、柔软的丝袍，美丽的脸上完全不着一点脂粉，神情总是冷冰冰的，就像是座冰山。

另一个女人却像是春天的阳光，阳光下的泉水，又温柔、又妩媚、又撩人。

尤其是她那双眼睛，看着你的时候，好像一下子就能把你的魂魄勾过去。

陆小凤的魂还没有被勾过去，只因为她根本没有正眼看过陆小凤。

可是陆小凤却一直在看着她，而且这两天来，几乎时时刻刻都能看到她。

因为她一直都跟在陆小凤后面，就好像有根看不见的线把她吊住了。

陆小凤盯过别人的梢，也被别人盯过梢，只不过同时居然有三拨人跟他的梢，这倒还是他平生第一次。

三拨人并不是三个人。

那春水般温柔的女孩子，只不过是其中一个——第一拨只有她一个。

第二拨人就有五个，有高有矮，有老有少，骑着高头大马，佩着快剑长刀，一个个横眉怒眼，好像并不怕陆小凤知道。

陆小凤也只有装作不知道。事实上，他的确也不知道这五个人是什么来历？为什么要盯他的梢？

第三拨人是三个戴着方巾，穿着儒服的老学究，坐着大车，跟着书童，还带着茶具酒壶，好像是特地出来游山玩水的。

陆小凤却知道他们并不是出来游山玩水的，他一眼就认出了他们，无论他们打扮成什么样子，他都认得出。

因为他们虽然能改变自己的穿着打扮，却没法子改变脸上那种冷漠傲慢，不可一世的表情。

这三个老学究，当然就是今日的西方魔教护法长老，昔日昆仑绝顶，大光明境，小天龙洞的"岁寒三友"。

陆小凤并不想避开他们，他们也只不过远远地在后面跟踪，并没有追上来。

因为蓝胡子已告诉过他们。

"这世上假如有一个人能替你们找回罗刹牌，这个人就是陆小凤。"

陆小凤投宿在天福客栈，这三拨人是不是也在天福客栈住了下来？

他们对陆小凤究竟有什么打算？是不是准备在今天晚上动手？

陆小凤从心里叹了口气，他并不怕别人来找他的麻烦，可是就这样眼睁睁地等着别人来找麻烦，滋味却不好受。

就在他叹气的时候，外面忽然有人敲门。

——来了，总算来了。

——来的是哪一拨,准备干什么?

陆小凤索性躺在床上,非但没动,连问都没有问,就大声道:"进来!"

门一推就开,进来的却是店小二!

陆小凤虽然松了口气,却又觉得失望。他非但不怕别人找麻烦,有时甚至很希望别人赶快来找麻烦。

店小二虽然说是来冲茶加水的,看起来却有点鬼鬼祟祟的样子,一面往茶壶里冲水,一面搭讪着道:"好冷的天气,简直就像是腊月一样!"

陆小凤看着他,早就算准了这小子必定还有下文。

店小二果然又接着道:"这么冷的天气,一个人睡觉实在睡不着!"

陆小凤笑了:"你是不是想替我找个女人来陪我睡觉?"

店小二也笑了:"客官是不是想找个女人?"

陆小凤道:"女人我当然想要的,只不过也得看是什么样的女人。"

店小二眯着眼笑道:"别的女人我不敢说,可是这个女人,我保证客官一定满意,因为……"

陆小凤道:"因为什么?"

店小二又笑了笑,笑得很暧昧、很神秘,压住了声音道:"这个女人不是本地货色,本来也不是干这行的,而且,除了客官你之外,她好像还不准备接别的客!"

陆小凤道:"难道还是她要你来找我的?"

店小二居然在点头。

陆小凤的眼睛亮了,眼前仿佛又出现了那个春水般温柔的女人。

他没有猜错。

店小二带来的果然是她。

"这位是丁姑娘，丁香姨，这位是陆公子，你们两位多亲近亲近！"

店小二鬼鬼祟祟地笑着，蹑着脚尖溜了出去，还掩上了门。

丁香姨就站在灯下，垂着头，用一双柔白纤秀的手，弄着自己的衣角。

她不开口，陆小凤也不开口。

他决心要看看这个女人究竟想在他面前弄什么花样——他很快就看见了。

灯光朦胧，美人在灯下。

她没有开口，但陆小凤忽然用两根手指轻轻一拉她的衣带。

衣带松开了，衣襟也松开了，那玉雪般的胸膛和嫣红的两点，就忽然出现在陆小凤面前。

陆小凤吓了一跳。

他实在想不到她的衣服只用一根带子系着，更想不到她衣服下面连一根带子都没有。

这种衣服实在比婴儿的尿布还容易脱下来。

于是刚才那风姿绰约，羞人答答的淑女，现在忽然变得像是个初生的婴儿一样，除了自己的皮肤外，身上几乎什么都没有。

陆小凤叹了口气，道："你做别的事是不是也这么干脆？"

丁香姨摇摇头，道："我捉迷藏的时候就喜欢兜圈子。"她微笑着，用一双天真无邪的眼睛直视着他，"但你却不是找我来捉迷藏的？"

陆小凤只有承认："我不是！"

丁香姨嫣然道："我也不是来陪你捉迷藏的！"

陆小凤苦笑道："我看得出！"

丁香姨柔声道："你既然知道我是来干什么的，我也知道你要的是什么，那么我们为什么还要像捉迷藏一样兜圈子？"

她笑得更妩媚、更迷人，只不过她身上最迷人的地方，却绝不是她的微笑，而是一些男人不该去看，却偏偏要去看的地方。

陆小凤是男人。他忽然觉得自己心跳已加快，呼吸急促，连嘴里都在发干。

丁香姨显然已看出他身上这些变化，和另外一些更要命的变化。

"我看得出你已是个大男人，我知道你一定也不喜欢捉迷藏！"

她慢慢地走过去，忽然钻进了他的被窝，就像是一条鱼滑进水里那么轻巧、灵敏、自然。

可是她的身子却不像鱼。

无论江里、河里、海里，都绝不会有一条鱼像她的身子这么光滑、柔软、温暖。

陆小凤又叹了口气，在心里骂了句："他妈的！"

每当他发觉自己已不能抗拒某种诱惑时，他都会先骂自己一句。然后他就已准备接受诱惑。

他的手已伸出去——

忽然间，"噗、噗、噗"三声响，三枚金梭、三柄飞刀、三支袖箭，同时从窗外飞入，往他们身上打了过来，来势又急又快。

丁香姨脸色变了，正准备大叫。

她还没有叫出来，这九件来势快如闪电的暗器，竟然又凭空落下，每件暗器都断成了两截。

丁香姨刚张开嘴，已怔住，突听"砰"的一声，一个人手挥钢刀，破门而入。

这人劲装急服，不但神情凶猛，动作也极剽悍，显见是外家高手。

谁知他刚冲进来，突然又凌空倒翻了出去，就像是有只看不见的手，从后面揪住了他的脖子。

接着，又是"砰"的一响，窗户震开，一个人挥动着双刀，狂吼着从窗外飞入，又狂吼着从对面一扇窗户飞了出去，"吧嗒"一声，重重地摔在窗外石板地上。

丁香姨眼睛都直了，实在看不出这究竟是怎么回事？

就在这时，门外又有个人冲了进来，笔直冲到床头，手里一柄鬼头刀高高扬起，瞪着陆小凤，厉声道："我宰了你这……"

这句话他只说了一半，手里的刀也没有砍下来，他自己反而倒了下去，四肢收缩，脸已发黑，又像是突然中了邪，在地上一弹一跳，忽然滚出门外。

满屋子刀剑暗器飞来飞去，好几个魁梧大汉跳进跳出，陆小凤好像没看见，居然还是躺在那里，动也不动。

一阵风吹过，被撞开的门忽又自动关上，被震开的窗户也阖起。

陆小凤还是神色不变，好像早已算准了，就算天塌下来，也会有人替他撑住的。

丁香姨吃惊地看着他，慢慢地伸出手，摸了摸他的额角，又摸了摸他的心口。

陆小凤笑笑，道："我还没有被吓死！"

丁香姨道："你也没有病？"

陆小凤道："一点病都没有！"

丁香姨叹了口气，道："那么你上辈子一定做了不少好事，所以才能逢凶化吉，遇难呈祥，无论到了什么地方，都有鬼神在暗中保护你！"

陆小凤道:"一点也不错,九天十地,诸神诸魔,都在暗中保护我!"

他露出了一口白牙,阴森森地笑着,虽然没有镜子,他也知道自己的样子很阴险,几乎已变得和西方魔教中那些人同样阴险。

丁香姨却笑了,眨着眼笑道:"既然有鬼神保护你,我也不怕了,我们还是……"

她的手在被窝里伸了出来——

陆小凤就好像忽然触了电一样,吃惊地看着她:"经过了刚才的事,你还有兴趣?"

丁香姨媚笑着,用动作代替了回答。

就在这时,灯忽然灭了,屋子里一片黑暗。

在这么黑暗的屋子里,无论什么事都会发生的。

谁知道这屋子里将要发生什么事?

02

陆小凤睡得很甜,他已很久没有睡得这么甜了。

他不是圣人。

她更不是。

等到他醒来时,枕上还留着余香,她的人却已不见了。

陆小凤睁着眼睛,看着屋顶,痴痴地发了半天怔:"她一路盯着我,难道只不过想跟我……"

他禁止自己再想下去,很久以前,他就已发誓绝不再自作多情,自我陶醉。

红日满窗,天气好得很。

天气好的时候，他心情总是会特别愉快，可是他一推开窗子，就看见了五件很不愉快的事。

他看见了五口棺材。

十个人，抬着五口崭新的棺材，穿过了外面的院子，抬出了大门。

棺材里躺着的，当然一定就是那五个骑着高头大马，在后面跟踪他的人。

他们究竟是什么人？为什么要盯他的梢？为什么想要他的命？

陆小凤完全不知道。

他只知道这五个人，一定是死在对面屋檐下那三个"老学究"手里的。

他也知道他们要保护的并不是他，而是他要去找的那块罗刹牌。

"这世上假如还有一个人能替你们找回罗刹牌，这个人一定就是陆小凤！"

对面的三个"老学究"正在冷冷地看着他，两个在喝茶，一个在喝酒，三个人的眼睛里，都带着一种比针还尖锐的讥诮之意，好像在告诉陆小凤："你要是找不回那块罗刹牌，我们还是一样可以随时杀了你！"

陆小凤关了窗子，才发现昨夜被打落在地上的暗器已不见了，只剩下八九块碎石。

丁香姨却又出现了。

她端着个热气腾腾的汤碗从门外走进来，看见陆小凤，脸上立刻露出天使般的甜笑，柔声道："我算准了你这时候一定会醒的，特地到厨房去替你煮了碗鸡汤，快趁热喝下去！"

陆小凤完全没有反应。

丁香姨盯着他看了半天，又笑道："你看见我好像很吃惊，是不是认为我本来已应该走了？"

陆小凤完全没有否认。

丁香姨坐了下来，笑得更甜，用眼角瞟着他，道："可是我还不想走，你说怎么办呢？"

她笑得仿佛很神秘、很奇怪。

陆小凤忽然想起来了，有些事做完了之后，是要付钱的。

她盯了他两天，也许就因为早已看准了他是个出手大方的人，早已准备狠狠地敲他一杠子。

"幸好我没有自作多情，也没有自我陶醉！"

陆小凤笑了笑，对自己这种成熟的判断觉得很满意。

一个人对自己觉得满意的时候，对别人也会变得大方些，何况陆小凤本来就不是个小气的人。

他身上好像还有四五张银票，好像都是一千两的，等他伸手进去时，才发现已只剩下两张，他还是抽出了一张，摆在丁香姨面前。

丁香姨看了看这张银票，又看了看他："这是给我的？"

陆小凤点点头。

丁香姨笑了，笑得更奇怪。

难道她还嫌少？

陆小凤立刻把最后一张银票也掏出来，这已是他全部财产，用完了之后怎么办？他根本连想都没有去想过。

丁香姨又看了看这张银票，看了看他，忽然也从怀里掏出叠银票，每张都是一千两的，至少有四五十张。

陆小凤道："这是给我的？"

丁香姨道："全都给你！"

陆小凤怔住，脸上的表情，就好像一个人在打呵欠的时候，半空中突然落下个肉包子掉在他嘴里。

他这一生中，也不知遇见过多少凶险诡秘的事，却从来也没有现在这么样吃惊。

丁香姨忽然又问道:"你知不知道'吃软饭的'是什么意思?"

陆小凤摇摇头。

丁香姨道:"你知不知道这世上有种最古老的赚钱法子?"

陆小凤点点头。

丁香姨道:"用这种法子赚钱的女人,通常都叫作婊子!"

陆小凤道:"用这种法子赚钱的男人,就叫作吃软饭的?"

丁香姨笑道:"我就知道你是个聪明人,一点就透!"

陆小凤的脸居然红了,脸上的表情,又好像嘴里被人强迫塞进了个臭鸭蛋。

丁香姨看着他,吃吃地笑道:"我虽然长得不好看,可是也从来没有倒贴过小白脸!"

陆小凤现在绝不是小白脸,是大红脸。

丁香姨道:"何况,你虽然把我看成婊子,我却知道你绝不是这种人!"

陆小凤松了口气,心里居然好像很感激。

丁香姨道:"这五万两银子,并不是我给你的!"

陆小凤忍不住问道:"是谁给我的?"

丁香姨道:"是我表姐!"

陆小凤道:"你表姐是谁?"

丁香姨道:"我表姐就是蓝胡子的老婆、方玉飞的妹妹!"

陆小凤失声道:"方玉香?"

丁香姨笑道:"她还有个名字,叫香香!"

陆小凤又怔住。

丁香姨道:"她知道你出手一向大方,生怕你路上没钱花,又怕你晚上睡不着,所以……"

她咬着嘴唇，用眼角瞟着陆小凤道："所以她就要我来陪你！"

陆小凤忽然冷笑，道："她不是要你来监视我？"

丁香姨叹了口气，道："我就知道你一定误会她了，她表面上看来，虽然冷冰冰的，其实却是个很热心的人，尤其对你……"

陆小凤道："对我怎么样？"

丁香姨又笑了笑，笑得更神秘："你们两个在一辆黑黝黝的马车里泡了大半夜，她对你怎么样，你心里难道没数？又何必来问我？"

陆小凤板着脸，不停地冷笑，但是也不知为了什么，心里仿佛有点甜丝丝的，觉得很舒服。

就只这么点甜甜蜜蜜、舒舒服服的感觉，已足够男人心甘情愿地把脖子往绳圈里套。

所以等到陆小凤走出天福客栈的时候，身上的银票已多了五十张，后面盯梢的人，却已经少了六个——五个进了棺材，一个进了他的怀抱。

这两件事虽然都不是他故意造成的，可是他也没有想法子避免。

就像我们这世界上绝大多数人一样，对自己有利的事，他总是不太愿意想法子去避免的。

03

——你有没有同时被九个人跟踪过？

——假如你有过，等到你发现九个已变成三个时，你就会知道那种感觉是多么轻松了。

只可惜这种轻松的感觉，陆小凤并没有能保持多久。

到了第二天，他就发现后面跟踪的人，又由三个变成了十个。

为了不想晚上失眠,陆小凤只有尽量不回头,尽量装作没看见。

丁香姨却一直在不停地回头,从车后的小窗往外面瞧。

她终于忍不住问道:"后面那些人又是来跟踪你的?"

陆小凤满心不情愿地点了点头。

丁香姨道:"他们好像从昨天晚上就开始盯上你了!"

陆小凤道:"哦?"

丁香姨道:"你知不知道他们是什么人?"

陆小凤道:"不知道!"他真的不知道。

丁香姨关起小窗,忽然钻进陆小凤怀里,小巧温暖的身子紧贴着他的胸膛,一双手却比冰还冷。

"我怕!"她紧紧抱着他。

"怕什么?"

"后来那七个人里,有个'缺了半边'的,样子长得好凶!"

缺了半边是什么意思?

缺了半边的意思,就是这个人的左眼已瞎了,左耳已不见了,左手已变成个铁钩子,左腿也变成木头的。

丁香姨道:"最可怕的,还是他没有缺的那半边!"

他右边的眼睛、鼻子、嘴,都是歪斜的,而且已扭曲变形。

丁香姨用力握着陆小凤的手,道:"这个人看起来简直就像是个缩了水的布娃娃,又被人撕下了左边一半!"

陆小凤道:"布娃娃?"

丁香姨道:"他年纪并不大,个子也很小,一张脸本来一定是圆圆的娃娃脸,可是现在……"

她没有说下去,她已看出陆小凤眼睛里露出的憎恶之色,立刻改口道:"你知道他是谁?"

陆小凤道:"嗯!"

丁香姨道："你认得他？"

陆小凤摇摇头。

他好像很不愿意说起这个人，正如他也不愿意一脚踩在毒蛇上。

可是丁香姨却偏偏还要问："可是你一定知道他是什么人？"

有种女人天生就喜欢追根究底，她若是想知道一件事，你若不告诉她，她甚至会不停地问你三天三夜。

陆小凤叹了口气，道："他本来叫作'阴阳童子'，遇见司空摘星后，才改了名！"

丁香姨道："改什么名字？"

陆小凤道："阴童子！"

丁香姨笑了，眨着眼笑道："他本来叫阴阳童子，一定是因为他本来是个不男不女的阴阳人！"

陆小凤道："嗯！"

丁香姨道："可是司空摘星却将他男人那一半毁了，所以他就只能叫阴童子！"

陆小凤道："嗯！"

丁香姨道："司空摘星为什么不索性杀了他？"

陆小凤道："因为司空摘星一向很少杀人！"

丁香姨道："是不是也因为司空摘星觉得他女人那一半并没有做什么坏事？"

陆小凤道："嗯。"

丁香姨眼波流动，突然道："有时候我真想找个阴阳人来看看，我一直想不通他们长得究竟是什么样子？"

陆小凤道："我也有件事想不通！"

丁香姨道："什么事？"

陆小凤道："你为什么从来也不会脸红呢？"

04

现在丁香姨的脸就很红,却并不是因为害羞,而是因为她刚洗了个热水澡。

吉祥客栈的房间也是三两银子一天,也是不分昼夜都供应热水的。

她一只手挽着发髻,一只手拿着丝巾,从走廊那边的浴室走过来,用屁股撞开了房门,娇笑着,道:"这里的房间太贵了,生意也不好,外面一个人也没有,你应该也跟我一起去洗的!"

陆小凤没有听见。他正在全神贯注地研究一只木箱子。

这口箱子就摆在他面前的方桌上,上面雕刻着很精致的花纹,还用金箔包着角,就像是富贵人家用来收藏珠宝的那种箱子一样。

丁香姨转回身,立刻也看见了这口箱子:"这是哪里来的?"

陆小凤道:"店小二送来的!"

丁香姨道:"是谁叫他送来的?"

陆小凤道:"不知道!"

丁香姨道:"箱子里有什么?"

陆小凤也不知道。

丁香姨走过来,道:"你为什么不打开来看看,难道你怕里面会钻出条毒蛇来?"

陆小凤道:"我只怕里面会钻出个女人来,像你一样的女人!"

丁香姨瞪了他一眼,又笑道:"我倒希望里面能有个男人钻出来,最好是像你一样的男人!"

她打开了箱子,脸上的笑容立刻冻结,整个人都吓呆了。

木箱里装着的,竟是一百多颗白森森的牙齿,还有五根黑带子。

染着血的黑带子。

——以牙还牙,以血还血——

丁香姨牙齿开始打战之后,才能发出声音:"这……这是人的牙齿?"

陆小凤点点头,脸色看来也有点发白。

丁香姨道:"这五根黑带子又是什么意思?"

陆小凤道:"不知道!"

丁香姨叹了口气,道:"你好像什么事都不知道!"

陆小凤道:"我只知道一件事!"

丁香姨道:"你说!"

陆小凤道:"男人的事,女人最好不要多管,也不要多问!"

这次丁香姨居然很听话,居然乖乖地坐下来,而且闭上了嘴。

这只不过因为她的人已吓软了,等她稍微恢复了一点力气,立刻又说道:"今天在后面盯着你的那七个人,身上系的好像也是黑腰带!"

陆小凤板着脸,心里却也不能不佩服,她观察得实在很仔细。

女人好像天生就比男人更细心的,尤其是这种喜欢追根究底的女人。

丁香姨道:"今天这七个人,难道跟那天晚上死的五个人是一伙的?"

陆小凤看着她,忽然道:"你是不是决心要管我的事?"

丁香姨嫣然道:"你应该知道,至少我们已不是陌生人!"

陆小凤道:"那么你就该替我去做一件事。"

丁香姨道:"什么事?"

她的脸已因兴奋而发红,就像是个刚听见大人要带她去庙会的小女孩。

这是陆小凤第一次看见她脸红,他忽然发现她脸红的时候,那双狡黠迷人的眼睛,就会变得像小女孩般天真无邪。

他盯着她足足看了好半天,才想起现在已轮到他应该说话的时候。

现在他应该扮的是个狠心的角色,不应该盯着女孩子这么样看。

所以他立刻清了清喉咙,用最冷静的声音道:"把这口箱子替我送到对面去!"

丁香姨叫了起来:"你说什么?"

陆小凤道:"我要你把这口箱子送到对面去,因为真正杀死这五个人的凶手,一定住在对面!"

丁香姨吃惊地看着他,脸色又变得像纸一样苍白。

陆小凤冷冷道:"你若连这点事都不敢做,凭什么去管别人的闲事?"

丁香姨咬了咬牙,跺了跺脚,"砰"的一声,把箱子关上,闭着眼睛提了起来,头也不回地冲了出去。

陆小凤故意连看都不看她,他忽然发觉自己的心肠确实比以前硬得多了,对一个像他这样的江湖浪子说来,这无疑是种好现象。只可惜他心里还是有点难受。

叫一个女孩子提着口装满了死人白牙的木箱,去送给三个冷酷的凶手,毕竟还是件残忍的事。

"但是我一定要让他们知道这件事!"他在心里安慰自己,"我只有让她去了,那三个老怪物自恃身份,总不会欺负一个女孩子!"

等到他良心稍微觉得平安一点的时候,他才开始去想一些他早已应该想的事。

——这些人究竟跟我有什么深仇大怨?为什么要这样子苦苦追踪

我，一定要置我于死地?

——为什么他们每个人身上都系着条黑带子？他们究竟属于哪一个秘密组织?

黑带子，黑腰带。

陆小凤垂下头，想看看自己的腰带是什么颜色，却先看见了脚上穿的一双白袜子。

他立刻就联想到红鞋子、青衣楼。

只不过那些惊心动魄的往事，现在看起来好像也变得很平淡了。现在最可怕的，还是黑带子。

连阴童子这种人都已投入他们属下，可见他们这组织一定很严密、很可怕。

陆小凤正在搜索记忆，想找出这个组织的来历，丁香姨已回来了，空着手回来的。

"箱子已送过去了？"

"嗯！"

"他们说了些什么？"

"什么都没有说！"丁香姨还是板着脸，道，"因为他们的人根本不在，我就把箱子交给了他们的书童！"

"书童也不知道他们在哪里？"

丁香姨摇摇头，忽然冷笑道："不管你把箱子送到哪里去，那个阴阳人还是会来找你的！"

陆小凤道："他绝不会找来！"

丁香姨道："为什么？"

陆小凤道："因为我现在就要去找他了！"

丁香姨吃了一惊，虽然还想作出生气的样子，眼睛里却已露出关切之色："你知不知道他们有几个人？"

陆小凤道："七个。"

丁香姨道："你知不知道七个人就有十四只手？"

陆小凤道："我算得出！"

丁香姨道："但是你却只有一双手！"

陆小凤笑了笑，道："是一两金子值钱，还是一斤铁值钱？"

丁香姨道："当然是金子！"

陆小凤淡淡道："所以一双手有时候也同样比十四只手有用！"

丁香姨看着他转身走出去，已走到门口，忽然又问道："你有没有把握活着回来？"

陆小凤笑笑。

丁香姨道："你有几成把握？"

陆小凤忍不住回过头，道："你为什么要问得这么清楚？"

丁香姨板着脸，冷冷道："你若连一半的把握都没有，就不如先把那些银票留下来，我就算要做寡妇，也得做个有钱的寡妇！"

陆小凤看着她，看了半天，慢慢地掏出银票，摆在桌上，忽然笑了笑，道："你放心，你这辈子都绝不会做寡妇的！"

丁香姨道："为什么？"

陆小凤道："因为我保证世上绝没有人敢娶你做老婆。"

陆小凤已走了，就像是去散步一样，连衣襟都没有拢，就随随便便地走了出去。

可是他为什么要把银票留下来？是不是因为他并没有十分把握能活着回来？

那个阴童子究竟是个多么可怕的人？

丁香姨看着桌上的银票，忽然叹了口气，喃喃道："你若不回来，我虽然不会做寡妇，有人却要做鳏夫了。"

第四章

意外中的意外

01

吉祥客栈的院落有四重,阴童子他们,好像是住在第四重院子里,把整个跨院都包了下来。

陆小凤刚才好像还听见那边有女子的调笑歌唱声,现在却已听不见。

他从后面的偏门绕过去,连一个人都没有看见,这地方的生意看来确实不好。

院子里虽然还亮着灯,却连一点呼吸咳嗽声都听不见。他们的人难道也不在?

陆小凤脚尖一点,就蹿上了短墙,灯光照着窗户,窗上看不见人影。

院子里仿佛还留着女人脂粉和酒肉的香气,就在片刻前,这院子里还有过欢会,有些人无论在干什么的时候,都少不了酒和女人。

可是现在他们的人呢?

一阵风吹过来,陆小凤忽然皱了皱眉,风中除了酒肉和脂粉的香气外,好像还有种很特别的气味。

——一种通常只有在屠宰场才能嗅到的气味。

他故意弄出了一点声音，屋子里还是没有动静，他正在迟疑，不知道是不是应该闯进去，却忽然听见了一声惨呼。

呼声尖锐刺耳，听来几乎不像是人的声音。

假如你一定要说这呼声是人发出的，那么这个人就一定是个残废的怪物。

陆小凤立刻就想起了那个"缺了半边"的人——难道"岁寒三友"又比他快了一步？

他掠过屋脊，身形如轻烟，呼声是从后面传来的，后面的两间屋子，灯光比前面暗淡，两扇窗户和一扇门却都是虚掩着的。

血腥气更浓了。

陆小凤飞身掠过去，在门外骤然停下，用两根手指轻轻推开了门。

门里立刻有人狞笑道："果然来了，我就知道箱子一送去，你就会来的，快请进来。"

陆小凤没有进去。

他并非不敢进去，而是不忍进去。

屋子里的情况，远比屠宰场还可怕，更令人作呕。

三个发育还没有完全成熟的少女，白羊般斜挂在床边，苍白苗条的身子，还在流着血，沿着柔软的双腿滴在地上。

一个缺了半边的人，正恶魔般箕踞在床头，手里提着把解腕尖刀，刀尖也在滴着血。

"进来！"他的声音尖锐刺耳如夜枭，"我叫你进来，你就得赶快进来，否则我就先把这三个臭丫头大卸八块。"

陆小凤紧紧咬着牙，勉强忍住呕吐，呕吐通常都会令人软弱。

阴童子狞笑道："这三个臭女人虽然跟你没有关系，可惜你却偏偏是个怜香惜玉的人，绝不忍看着她们死在你面前的。"

这恶毒的怪物确实抓住了陆小凤的弱点,陆小凤的心已在往下沉。

他的确不忍。

他的心远不如他自己想象中那么硬,就算明知这三个女孩子迟早总难免一死,他也还是不忍眼看着她们死在自己面前。

他只有硬着头皮走进去。

阴童子大笑,道:"我们本来并不想杀你的,但你却不该……"

笑声骤然停顿,三点寒星破窗而入,光芒一闪,已钉入了少女们的咽喉。

阴童子狂吼着飞扑而起,并不是扑向陆小凤,而是要去追窗外那个放暗器的人。

可是陆小凤已不让他走了。

少女们已死,陆小凤已不再有顾忌,他还能往哪里走?

阴童子凌空翻身,左手的铁钩往梁上一挂,整个人忽然陀螺般旋转起来,一条假腿夹带着凌厉的风声,赫然也是精铁铸造的。

这种怪异奇诡的招式一使出来,无论谁也休想能追近他的身。

陆小凤也不能,只有眼睁睁地看着他旋转不停,突然间,铁钩一松,他的人竟借着这旋转之力急箭般射出了窗户。

他不求制人,只求脱身,显然还有自知之明,知道自己绝不是陆小凤敌手。

只可惜他还是低估了陆小凤。

他的人飞出,陆小凤的手忽然抬起,伸出两根手指轻轻一点。

只听"叮"的一声响,他的人已重重摔在窗外,铁脚着地,火星四溅。

陆小凤并没有制他于死,只不过以闪电般的手法,点了他的穴道,他正想跟出去,追查他的来历和来意。

院子里却又有寒芒一闪，钉入了阴童子的咽喉。

"什么人？"

夜色沉沉，星月无光，哪里看得见人影？既然看不见，又怎么能去追？

陆小凤叹了口气，喃喃道："幸好他们来了七个人，还剩下六个活口。"

这句话刚说完，他身后就已有人冷冷道："只可惜现在已连半个活口都没有了。"

说话的只有一个人，地上却有三条人影，被窗里的灯光拖得长长的。

"岁寒三友。"

陆小凤慢慢地转过身，苦笑道："另外的六个已经不是活口？"

老人冷冷道："他们还活着，你刚才只怕就没有那么容易走出这屋子。"

另外六个人，想必一定是在四面黑暗中埋伏着，等着陆小凤自投罗网，却想不到无声无息地就在黑暗中送了命，这六个人无疑都是高手，要杀他们也许不难，要无声无息同时杀了他们六人，就绝不是件容易事了。

岁寒三友武功之高，出手之狠毒准确，实在已骇人听闻。

陆小凤叹了口气，在心里警告自己，不管怎么样，都不能轻举妄动。

这老人手里居然还带着个酒杯，杯中居然还有酒，除了岁寒三友中的孤松先生外，只用一只手就能杀人于刹那间的，天下还有几人？

孤松先生浅浅地啜了口酒，冷笑道："我们本想留下这半个活口的，只可惜你虽有杀人的手段，却没有救人的本事。"

陆小凤道："刚才不是你们出手的？"

孤松先生傲然道:"像这样的凡铜废铁,老夫已有多年未曾入手。"

钉在阴童子咽喉上的暗器,是一根打造得极精巧的三棱透骨钉,那些少女们也同样是死在这种钉下的,就在这片刻间,他们的脸已发黑,身子已开始收缩,钉上显然还淬着见血封喉的剧毒。

陆小凤也知道这些暗器绝不是岁寒三友用的。

一个人若是已有了百步飞花、摘叶伤人的内力,随随便便用几块碎石头,也能凭空击断别人的弩箭飞刀,就绝不会再用这种歹毒的暗器。

他不能不问一问,只因为他实在想不出这是谁下的毒手?

孤松先生冷冷地打量着他,道:"我久闻你是后起一辈的高手中,最精明厉害的人物,但是我却一点也看不出。"

陆小凤忽然笑了,道:"有时我照镜子的时候,也总是对自己觉得很失望。"

孤松先生道:"但是这一路上你最好还是小心谨慎些,多加保重。"

陆小凤道:"因为我还没有找到你们的罗刹牌,还死不得。"

孤松先生又冷笑了一声,长袖忽然卷起,只听"呼"的一声,院子里树影婆娑,秋叶飞舞,他们三个人都已不见了。

绝顶高明的轻功,绝顶难缠的脾气,无论谁有了这么样三个对头,心里都不会太愉快的。

陆小凤用两根手指夹住了一片落叶,看了看,又放下去,喃喃道:"叶子已枯透了,再往北走两天,就要下雪了,不怕冷的人尽管跟着我来吧!"

02

屋子里还有灯。

他刚才临走的时候,灯光本来很亮,现在即已暗淡了很多。

门还是像他刚才走的时候那么样虚掩着,他忽然想到了一个他从来没有想到过的问题:"她是不是还在等我?"

他本来只希望丁香姨赶快走的,走得愈远愈好,但是现在她如果真的走了,他心里一定会觉得不太好受。

不管怎么样,假如你知道有个人在你的屋子里等着你,那么你心里总会有种温暖的感觉,这种感觉就好像一个孤独的猎人,在寒冷的冬天回去时,发现家里已有人为他升起了火,他已不再寒冷和寂寞。

只有陆小凤这样的浪子,才能了解这种感觉是多么珍贵。

所以他推开门的时候,心里居然有点紧张。

这种时候,这种心情,他实在不愿一个人走入一间冷冰冰的空屋子。

屋子里有人,人还没有走。

她背对着门,坐在灯下,乌黑柔软的长发披在肩上。

她正在用一把乌木梳子,慢慢梳着头——女人为什么总喜欢用梳头来打发寂寞的时刻?

看见了她,陆小凤忽然觉得连灯光都亮得多了。

不管怎么样,有个人陪着总是好的,他忽然发现自己年纪愈大,反而愈不能忍受孤独。

可是他并没有把自己心里的感觉表现出来,只不过淡淡地说了句:"我总算活着回来了。"

"嗯。"她没有回头。

陆小凤道:"我还没有死,你也没有走,看来我们两个人好像还没有到分手的时候。"

她还是没有回头,轻轻道:"你是不是希望我永远也不要跟你分手?"

陆小凤没有回答。

他忽然发觉这个坐在他屋子里梳头的女人,并不是丁香姨。

她仿佛在冷笑,拿着梳子的手,白得就像是透明的,指甲留得很长。

她还是在梳着头,愈来愈用力,竟好像要拿自己的头发来出气。

陆小凤眼睛亮了,失声道:"是你?"

她冷笑着道:"你想不到是我?"

陆小凤承认。

"我实在想不到。"

"我也想不到你居然真的是个多情种子,见一个就爱一个。"

她终于回过头,苍白的脸,挺直的鼻子,眼睛亮如秋夜的寒星。

陆小凤叹了口气,苦笑道:"这次我并没有想去爬冰山,冰山难道反而想来爬我?"

假如方玉香真的是座冰山,那么冰山就一定也有脸红的时候。现在她的脸已经红了,用一双大眼睛狠狠地瞪着陆小凤,狠狠道:"你是不是从来都不会说人话的?"

陆小凤笑了笑,道:"偶尔也会说两句,却只有在看见人的时候才会说。"

——难道我不是人?

这句话她当然不会说出来，她的眼睛当然瞪得更大。

陆小凤又笑了笑，道："前两天我还听人说，你的样子看来虽凶，其实却是个很热情的人，只可惜我随便怎么看都看不出。"

方玉香道："有人说我很热情？"

陆小凤道："嗯。"

方玉香道："是谁说的？"

陆小凤道："你应该知道是谁说的。"

方玉香冷笑道："是不是我那位多情的小表妹丁香姨？"

陆小凤轻轻咳嗽了两声，算作回答，他忽然发觉自己的脸好像也有点红。

他的心实在没有他自己想象中那么黑，脸皮也没有自己想象中那么厚，只要做了一点点亏心事，还是会脸红的。

方玉香冷冷地看着他，又问道："这两天，她想必都跟你在一起？"

陆小凤只有承认。

方玉香道："现在她的人呢？"

陆小凤怔了怔，道："你也不知道她的人到哪里去了？"

方玉香道："我刚来，我怎么会知道！"

陆小凤叹道："也许她生怕我回来时，也会变成了个缺鼻子少眼睛的怪物，不忍心看到我那种样子，所以只好走了。"

方玉香冷冷道："她的确是个心肠很软的女人，杀人的时候，眼睛也总是闭着的。"

外面忽然有个人吃吃笑道："果然还是大表姐了解我，就因为我上次杀人的时候眼睛是闭着的，所以弄得一身都是血。"银铃般的笑声中，丁香姨已像是只轻盈的燕子般飞了进来。她的笑声虽甜美，样子却仿佛有点狼狈，连衣襟都被撕破了，看来又像是刚被猎人弹弓打中尾巴的燕子。

方玉香却板着脸道:"想不到你居然还会回来。"

丁香姨笑道:"知道大表姐在这里,我当然非回来不可。"

方玉香也笑了,笑得也很甜:"有时候我虽然生你的气,可是我也知道,不管怎么样,你还是我的表妹,还是对我最好的!"

丁香姨道:"只可惜我们见面的机会总是不多,你总是喜欢跟大表哥在一起,总是把我一个人孤孤单单地抛在一边!"

方玉香笑得更甜:"你嘴上说得虽好听,其实我又不是不知道,你早就把我们忘得干干净净。"

丁香姨道:"谁说的?"

方玉香微笑着瞟了陆小凤一眼,道:"你们两个在一起亲热的时候,难道还会记得我们?"

两个人都笑得那么甜,那么好听,陆小凤却愈看愈不对劲。

就在这银铃般的笑声中,突听"咯"的一声响,方玉香手里的梳子,竟忽然间变成了一排连珠弩箭——一把梳子至少有四五十根梳齿,就像是四五十根利箭,暴雨般向丁香姨打了过去。

丁香姨手里,也突然射出了七点寒星,打的是方玉香前胸七处要穴。

两个人这一出手,竟然全都是致命的杀手,都想在这一瞬间就将对方置之于死地。

两个人都没有闭上眼睛,陆小凤却闭上了眼睛。

等他张开眼睛的时候,只看见对面的墙上钉着七点寒星,方玉香的人已倒在床上,丁香姨的人却已远在七八丈外。

只听她的声音远远从黑暗中传来,声音中充满了怨恨:"你记着,我饶不了你的。"

这句话刚说完,她的声音就变成了一声惊呼,惊呼突又断绝,就连一点声音都听不见了。

03

秋雾已散开,雾没有声音,风还在吹,也听不见风声。

大地一片静寂。

方玉香还是动也不动地躺在床上,甚至连呼吸声都听不见。

陆小凤坐下来,看着她,看着她的胸膛。

她的胸膛成熟而坚挺。

陆小凤忽然笑了笑,道:"我知道你还没有死。"

死人的胸膛绝不会像她这么诱人,但她却还是像死人般全无反应。

陆小凤盯着她看了半天,忽又站起来,走过去,往她身边一躺。

然后他就像是也变成了个死人,另外一个死人却复活了。

她的手在动,腿也在动。

陆小凤不动。

方玉香忽然扑哧一笑,道:"我知道你也没有死。"

陆小凤终于有了反应——他抓住了她那只一直在动的手。

方玉香道:"你怕什么?我又不是蓝胡子明媒正娶的老婆,你又不是他的朋友!"

她又笑了笑,道:"难道你怕的是丁香姨?这次我可以保证——她不会回来了。"

陆小凤叹了口气,他知道丁香姨这次如果真还会回来,那才真的有可能已变成个缺鼻子少眼睛的怪物了。

可是他并不太难受,因为他已看出钉在墙上的那七颗寒星,正是三棱透骨钉。

他忽然问道:"她来找我,是不是你叫她来的?"

方玉香道:"我跟你无冤无仇,为什么害你?"

陆小凤道:"害我?"

方玉香道:"现在她就像是座随时会爆炸的火山,无论跟着谁,那个人都会随时可能被她害死。"

陆小凤苦笑,道:"看来我的运气倒真不错,遇见了两个女人,一个是冰山,一个是火山。"

方玉香道:"火山比冰山危险多了,尤其是身上藏着三十万两黄金的火山。"

陆小凤道:"三十万两黄金?"

方玉香道:"偷来的。"

陆小凤道:"哪里有这么多黄金给她偷?"

方玉香道:"黑虎堂的财库里。"

陆小凤长长地吸了口气,喃喃道:"黑虎堂,黑带子……"

方玉香道:"不错,黑虎堂里的香主舵主们,身上都系着条黑带子。"

黑虎堂虽然是江湖中一个新起的帮派,可是它组织之严密,势力之庞大,据说已超过昔年的青衣楼,财力之雄厚,更连丐帮和点苍派都比不上。

——丐帮一向是江湖中第一大帮,点苍门下都是富家子弟,山中还产金沙,所以这两个帮派,一向是最有钱的。

但是黑虎堂却更有钱。

有钱能使鬼推车,黑虎堂之所以迅速崛起,这才是最主要的原因。

陆小凤道:"据说黑虎堂最可怕的就是钱多,财库自然是他们的根本重地，自然防守得很严密。"

方玉香道："想必是的。"

陆小凤道："这两天我又发现，黑虎堂网罗的高手，远比我以前想象中还要多，丁香姨有什么本事，能盗空他们的财库？"

方玉香道："也许她只有一点本事，可是只凭这一点本事就已足够了！"

陆小凤道："哦？"

方玉香道："黑虎堂的堂主是什么人？"

陆小凤道："飞天玉虎。"

方玉香道："她就是'飞天玉虎'的老婆。"

陆小凤怔住。

方玉香道："据说'飞天玉虎'最近都不在本堂，所以丁香姨就乘机席卷了黑虎堂的财库，跟'飞天玉虎'的一个书童私奔了。"

她笑了笑，又道："其实你也用不着太吃惊，席卷了丈夫的细软，和小白脸私奔的女人，她又不是第一个，也绝不会是最后一个。"

陆小凤终于叹了口气，道："看来这位小白脸的本事倒真不小，居然能叫她冒这种险。"

方玉香笑道："你是不是在吃醋？"

陆小凤板起脸，冷冷道："我只不过想看看他究竟是个什么样的人而已。"

方玉香道："只可惜现在你已看不到他了。"

陆小凤道："为什么？"

方玉香道："因为他已被廖氏五雄大卸八块，装进箱子，送回了黑虎堂。"

廖氏五雄当然就是第一次在后面盯梢的那五个人。

陆小凤直到现在才明白，他们跟踪的并不是他，而是丁香姨。

方玉香道:"小白脸死了后,她知道黑虎堂还是追上了她,她才害怕了,所以……"

陆小凤道:"所以她才找上了我。"

方玉香道:"江湖中人人都知道,长着四条眉毛的陆小凤是千万惹不得的,连皇帝老子都跟他有交情,连'白云城主'叶孤城和独孤一鹤都栽在他手里,她有了个这么样的大镖客,黑虎堂当然不敢轻举妄动了。"

陆小凤道:"但他们一定还是想不到,还有三位更厉害的大镖客在保护我。"

方玉香道:"所以他们来了十三个人,已死了十二个。"

陆小凤道:"还有一个是谁?"

方玉香道:"飞天玉虎。"

陆小凤动容道:"他也来了?在哪里?"

方玉香道:"刚才好像还在外面的,现在想必已回去了。"

陆小凤道:"为什么?"

方玉香道:"因为现在他一定已找到了他要找的人,他做事一向恩怨分明,也知道你只不过是被丁香姨利用的傀儡而已,绝不会来找你的。"

陆小凤冷冷道:"所以我已经可以放心了,因为飞天玉虎的武功太高,本事太大,他若是找上了我,我就死定了。"

方玉香嫣然道:"我知道你当然不怕他,只不过这种麻烦事,能避免总是好的!"

陆小凤转过头,盯着她,忽又问道:"你对黑虎堂的事,好像比丁香姨还清楚。"

方玉香叹了口气,道:"老实说,丁香姨认识他,本来是我介绍的,所以她做了这种对不起人的事,我也觉得脸上无光。"

陆小凤道:"就因为他没有娶你,却娶了丁香姨,所以你一气之下,才会拼命地去赌,才会嫁给蓝胡子?"

方玉香点了点头,轻轻地说道:"所以我跟蓝胡子之间并没有感情,我实在很后悔,为什么要嫁给这么样一个开赌场的人!"

无论男人女人,失恋了之后,不是去喝个痛快,就会去赌个痛快,然后再随随便便找个对象,等到清醒时,后悔总是已来不及了。

这是个悲惨的故事,却也是个平凡的故事。

男人在外面太忙,女人守不住寂寞,就会偷汉子,甚至私奔。

这种事也很平常。

丁香姨生怕陆小凤知道真相后会不理她,所以不让阴童子有说话的机会,所以就先下手为强,杀人灭口。

她看见方玉香来了,本来想溜的,可是一走出去,就发现了飞天玉虎的踪迹,所以只好再回来,想不到却又被方玉香逼了出去。

这些问题,也都有了很合理的解释。

但陆小凤却还是觉得不满意,也不知道为了什么,他总是觉得这其中一定还有些他不知道的阴谋和秘密。

据说飞天玉虎也是个很神秘的人,从来也没有人见过他的真面目。

一个秘密组织的首领,总是要保持他的神秘,才能活得比较长些。

陆小凤道:"只不过你当然是例外,你一定见过他的。"

方玉香承认:"我见过他很多次!"

陆小凤道:"他究竟是个什么样的人?"

方玉香道:"近来有很多人都认为,江湖中最神秘、最可怕的两个人,就是西北双玉。"

——西方一玉,北方一玉,遇见双玉,大势已去。

方玉香道:"他既然能跟西方玉罗刹齐名,当然也是个心狠手辣,精明厉害的角色。"

陆小凤道:"他长得什么样子?"

方玉香道:"他虽然已四十多岁了,看来却只有三十六七,个子很矮小,两只眼睛就像是猫头鹰一样!"

陆小凤道:"他姓什么?叫什么名字?"

方玉香道:"不知道。"

陆小凤道:"你也不知道?"

方玉香道:"他好像也有段很辛酸的往事,所以从来不愿在别人面前提起自己的姓名来历,连我也不例外。"

她的手忽然又开始在动。

陆小凤不动。

方玉香柔声道:"现在你什么都明白了,你还怕什么?"

陆小凤没有反应。

方玉香道:"夜已经这么深了,外面的风又那么大,你难道忍心把我赶出去?"

她的声音又娇媚、又动人,她的手更要命。

陆小凤终于叹了口气,道:"我当然不会把你赶出去,可是我……"

方玉香道:"你怎么样?"

陆小凤又按住了她的手,道:"我只不过要先弄清楚一件事。"

方玉香道:"什么事?"

陆小凤道:"丁香姨到我这里来,是为了要我做她的挡箭牌,你呢?"

方玉香道:"难道你认为我也想利用你?"

陆小凤叹了口气,道:"我也希望你是因为看上了我才来的,只可惜这种想法，我就算喝了三十斤酒都不会相信。"

方玉香道："因为你不是个自作多情的人。"

陆小凤苦笑道："我以前是的，所以我能活到现在，实在不容易。"

方玉香也叹了口气，道："你一定要我说实话，我就说，我到这里来，本来是为了要跟你谈一件交易。"

陆小凤道："什么交易？"

方玉香道："用我的人，换你的罗刹牌，我先把人交给你，你找到罗刹牌，也得交给我。"她笑了笑，又道："我是蓝胡子的老婆，你把罗刹牌交给我，也算是交了差，所以你一点也不吃亏。"

陆小凤道："我若找不到呢？"

方玉香道："那也是我自己心甘情愿的，我绝不怪你。"

她的声音更娇媚、更动人："夜已经这么深了，外面的风又这么大，反正我也不敢出去！"

陆小凤又叹了口气，道："我也曾说过，我绝不会把你赶出去，但是，我至少还可以把我自己赶出去。"

他居然真的站起来，头也不回地走出了门，只听"哗啦啦"一声响，那张又宽又大，又结实的木板床，竟忽然塌了下来。

陆小凤笑了。

听见方玉香的大骂声，他笑得更愉快："你不让我好好睡觉，我也不会让你好好睡的！"

他不是圣人，也不是君子。

幸好他是陆小凤，独一无二的陆小凤。

有谁能想得到这一夜他睡在哪里？

他是睡在屋顶上的，所以第二天早上醒来的时候，他的人几乎已被风吹干了，吹成了一只风鸡。

——看来一个人有时候还是应该自作多情些，日子也会好过些。

他叹息着，费了好大力气，才把手脚活动开，幸好方玉香已走了——谁也没法子能在一张已被压得七零八碎的床上睡一夜。

谁也不会想到要到屋顶上去找他出气，所以这口冤气只有出在他的衣服上。

他想多穿件衣服时，才发现所有的衣服都被撕得七零八碎，唯一完整的一件长衫上，也被人用丁香姨留下的胭脂写了几行字："陆小凤，你的胆子简直比小鸡还小，你为什么不改个名字，叫陆小鸡？"

陆小凤笑了。

"我就算是鸡，也绝不是小鸡。"他摸了摸自己已被吹干了的脸，"我至少也应该是只风鸡。"

04

风鸡的滋味很不错。

除了风鸡外，还有一碟腊肉、一碟炒蛋、一碟用上好酱油泡成的腌黄瓜。

陆小凤足足喝了四大碗又香又热的粳米粥，才肯放下筷子。

现在他的身上虽然还有点酸疼，心里却愉快极了。

只可惜他的愉快总是不太长久。

他正想再装第五碗粥的时候，外面忽然有个人送了封信来。

信纸很考究，字也写得很秀气："那骚狐狸子走了没有？我不敢找你，你敢不敢来找我？不敢来的是龟孙子。"

送信的人，陆小凤认得是店里的伙计，看这封信的口气，陆小凤当然也看得出是丁香姨的口气。

——她难道还没有死？

"这封信是谁叫你送来的？"

"是位丁姑娘，就是昨天跟客官你一起来的那位丁姑娘。"

——她居然真的还没有死？

陆小凤好像已把身子的酸疼全都忘记得干干净净，就像是个忽然听见谭叫天在外面唱戏的戏迷一样，忽然跳了起来："她的人在哪里？你快带我去，不去的是龟孙子的孙子。"

门是虚掩着的。

推开门，就可以嗅到一阵阵比桂花还香的香气。

屋子里没有桂花，却有个人，人躺在床上。

陆小凤并不是第一次嗅到这种香气，这正是丁香姨身上的香气。

丁香姨的确很香。

躺在床上的人，也正是这个很香的人！

阳光照在窗户上，屋子里幽雅而安静，充满了一种令人从心里觉得喜悦的温暖。

她躺在一张宽大柔软的床上，盖着条绣着戏水鸳鸯的棉被。

鲜红的被面，翠绿的鸳鸯，她的脸色嫣红，头发漆黑光亮，显见是刚刚特意修饰过的。

女为悦己者容，她正在等着。

陆小凤心里忽然又有了那种温暖的感觉，却故意板着脸，道："你找我来干什么？是不是想把那五万两银子还给我？"

丁香姨也故意闭着眼睛，不理他！

陆小凤冷笑道："一个人若是有了三十万两黄金，还要五万两银子干什么？"

丁香姨还是不理他，可是紧闭着的眼睛，却忽然有两行泪珠流下。

晶莹的泪珠，慢慢地流过她嫣红的面颊，看来就像是玫瑰花瓣上的露珠。

陆小凤的心又软了，慢慢地走过去，正想说几句比较温柔的话。

他没有说出来，因为他忽然发现了一件奇怪的事——丁香姨的人看来竟像是变得短了些，棉被的下半截竟像是空的。

为什么？

陆小凤连想都不敢想，一把掀起了这张上面绣着戏水鸳鸯的棉被，然后他整个人都像是忽然沉入了冷水里，全身上下都已冰冷。

丁香姨还是那么香，那么美，胸膛还是那么丰满柔软，腰肢还是那么柔弱纤细，可是，她的一双手、一双脚却已不见了！

阳光依旧照在窗户上，可是这温暖明亮的阳光，却已变得比尖针还刺眼。

陆小凤闭上了眼睛，仿佛立刻就看到了一张尖锐瘦小的脸，一双猫头鹰般的眼睛里，充满了恶毒和怨恨，正狞笑着对丁香姨道："我砍断你一双手，看你还敢不敢偷我的黄金，我砍断你一双脚，看你还能跑到哪里？"

陆小凤握紧了双拳。

每个男人都有权追回自己私奔的妻子，他对飞天玉虎本没有怀恨过，知道丁香姨被人抓了回去，他心里最多也只不过有点酸酸的惆怅而已。

但是现在情况却不同了。

谁也没有权力这么伤害别人，他痛恨暴力，就正如农家痛恨蝗虫一样。

等他再张开眼时,才发现丁香姨也在看着他,看了很久。

她的眼睛里没有愤怒,只有悲伤,忽然轻轻说出了两个字:"快走!"

本是她要他来的,为什么又一见面就要他走?是不愿让他看见自己这种狼狈的样子?还是生怕飞天玉虎会突然出现?

也许那短笺本就是飞天玉虎逼着她写的,也许这本就是个陷阱。

陆小凤轻轻地放下棉被,搬了张椅子过来,坐在她床头,虽然连一个字都没有说,却已无异给了她一个简单而明确的答复:"我不走。"

无论她是为什么要他走,他都已决心要留下来,陪着她。

因为他知道现在一定是她最需要别人陪伴的时候,在他寂寞时,她岂非也同样陪伴过他?

陆小凤绝不是那种心胸狭窄的人,别人纵然有对不起他的地方,他很快就会忘记。

他一向只记得别人的好处。

丁香姨当然也明白他的意思,眼睛里除了悲伤外,又多了种说不出的感激。

"现在你一定已知道我的事了。"她说话的声音很低,仿佛生怕被人听见,"那三十万两金子,我当然没法子带在身上,为了要逼我把金子交出来,他就把我折磨成这样子。"

——现在你当然已把金子还给了他,可是你为什么一定要等他这样折磨过你之后,才肯交出来?那本是他的,你本就应该还给他。

陆小凤闭着嘴,并没有说出这些话,他实在不忍再刺伤她。

风在窗外吹,落叶一片片打在窗户上,就像是一只疲倦的手,拨弄着枯涩的琴弦,虽然有声音,却比无声更沉闷。

现在应该说什么?安慰已是多余的,因为无论什么样的安慰,都已安慰不了她。

沉闷了很久,她忽又问道:"你知不知道我为什么要偷那三十万两金子?"

陆小凤摇摇头,他只有装作不知道。

丁香姨的解释却令他觉得很意外:"我也是为了那罗刹牌。"

这理由并不好,所以也不像是说谎。

丁香姨道:"我知道李霞带走了罗刹牌,也知道她已回到了老屋!"

陆小凤道:"老屋?"

丁香姨道:"老屋就是拉哈苏,'拉哈苏'是当地的土语,意思就是老屋。"

陆小凤道:"你认得李霞?"

丁香姨点点头,脸上忽然露出种很奇怪的表情,迟疑了很久才轻轻叹道:"她本来就是我的后母。"

这回答令陆小凤觉得更意外,她又解释道:"李霞还没有嫁给蓝胡子的时候,本来就是跟着我父亲的!"

陆小凤道:"你父亲?……"

丁香姨道:"现在他已经去世了,我跟李霞,倒一直都保持着联系。"

李霞是她后母,方玉香却是她表姐,她表姐居然抢了她后母的丈夫,她的丈夫却是她表姐介绍的。

陆小凤忽然发现她们三个人之间的关系,实在复杂得很,就算她已说出来,他还是弄不清楚。

丁香姨看出了他的想法,凄然道:"女人是弱者,有很多女人的遭遇都很不幸,往往会被逼着做出一些她们本来不愿做的事,男人非但一点都不了解,而且还会看不起她们。"

陆小凤叹了口气,道:"我……我了解。"

丁香姨道:"这次李霞的做法虽然很不对,可是我同情她。"

——她偷了她丈夫的罗刹牌,你偷了你丈夫的黄金,你们的做法本来就一样,你当然同情她。

这些话陆小凤当然也没有说出来,丁香姨却又看了出来。

"我说她不对,并不是因为她偷了罗刹牌。"她第一次露出悲愤,"一个女人若是被丈夫遗弃,无论用什么手段报复都是应该的!"

这是女人的想法,大多数女人都会有这种想法。

丁香姨是女人。

所以陆小凤只有表示同意。

丁香姨道:"我说她做的不对,只因为她本不该答应把罗刹牌卖给贾乐山的!"

陆小凤动容道:"江南贾乐山?"

他知道这个人。

贾乐山是江南著名的豪富,也是当地著名的善士,只有极少数几个人才知道,他昔年本是个横行四海的大海盗,连东洋的倭寇都有一半直接受他统辖。

倭寇一向残暴凶狠,悍不畏死,而且生性反复无常,贾乐山却能把他们制得服服帖帖,从这一点就可以看出他是个多么厉害的人了。

丁香姨道:"我知道李霞已经和贾乐山派到中原来的密使谈判过了,连价钱都已谈好了,约好了在'拉哈苏'见面,一手交钱,一手交货。"

陆小凤道:"他们既然是在中原谈判的,为什么要约在那边疆的小镇上见面?"

丁香姨道:"这也是李霞的条件之一,她知道贾乐山一向心狠手辣,生怕被他吃了,所以才一定坚持要在拉哈苏交货。"

陆小凤道："为什么？"

丁香姨道："因为那里是我父亲的老家，她也在那里住了十年，那里的人头地面，她都很熟悉，在那里就连贾乐山也不敢对她怎样的。"

陆小凤道："这么样看来，她一定是个非常精明厉害的女人。"

丁香姨叹息着，道："她不能不精明一点，因为她实在上过男人不少当。"

陆小凤道："但是她却将这秘密告诉了你！"

丁香姨道："因为她拿到了罗刹牌之后，第一个来找的就是我。"

陆小凤道："哦？"

丁香姨道："她也答应过我，只要我能在年底之前凑出二十万两金子，她就把那罗刹牌卖给我。"

陆小凤道："你为什么想要那罗刹牌？"

丁香姨道："因为我也想报复。"

她咬着牙，又道："我早已知道飞天玉虎另外又有了女人，早就嫌我惹眼碍事，那女人当然更恨我，只要我活着一天，她就永远休想名正言顺地来做黑虎堂的帮主夫人。"

陆小凤道："难道他们还想杀了你？"

丁香姨道："若不是我还算机警，现在只怕早已死在他们的手里，我若有了罗刹牌，他们就绝不敢对付我了。"

一个女人若肯花二十万两黄金去买一样东西，当然是有原因的。

陆小凤道："为什么？"

丁香姨道："因为我若有了罗刹牌，我就是罗刹教的教主，就连飞天玉虎，对西方魔教的教主也不得不畏惧三分。"

她疲倦悲伤的眼睛，忽然亮了起来，又说出一件很惊人的秘密。

西方玉罗刹已死了，就是在他的儿子入关时，忽然暴毙的。

"我百年之后，将罗刹牌传给谁，谁就是本教的继任教主，若有人抗命不服，千刀万段，毒蚁分尸，死后也必将永堕鬼狱，万劫不复。"

西方玉罗刹当然也是个极精明厉害的人，生怕自己死后，门下的弟子为了争夺名位，互相残杀，毁了他一手创立的基业。所以他在开山立宗时，就已亲手订下了这条天魔玉律。

也正因为如此，所以他才会将罗刹牌传给了他的儿子。

只可惜玉天宝也正像那些豪富之家中被宠坏的子弟一样，也是个不折不扣的败家子。

丁香姨道："玉罗刹若知道他那宝贝儿子，已将罗刹牌押了给别人，就算在九泉之下，也一定会被气得吐血的。"

陆小凤长长吐口气，现在才终于明白，为什么有那么多人不择手段地争夺罗刹牌了。

"为了追悼玉罗刹，也为了朝拜新任教主，他们教中的护法长老和执事弟子们，已决定在明年正月初七'人日'那一天，将教中所有重要的弟子，聚会于昆仑山的大光明境。"

"你只要能在那一天，带着罗刹牌赶到那里去，你就是魔教的新教主，从此以后，绝没有任何人敢对你无礼。"

西方魔教的势力不但已根深蒂固，而且遍布天下，无论谁能继任教主，都立刻可以成为江湖中最有权势的人，有了权势，名利自然也跟着来了。这种诱惑无论对谁来说都几乎是不可抗拒的。

陆小凤叹了口气，他忽然发觉这件事已愈来愈复杂，他的任务也愈来愈艰巨。

可是他还有一点想不通："李霞为什么不自己带着罗刹牌到昆仑去？"

丁香姨道："因为她怕自己到不了昆仑，就已死在半途上，更怕自己活不到明年正月初七。"

在明年的正月初七之前，这块罗刹牌无论在谁手里，都像是包随时可能爆炸的火药一样，随时都可能把他炸得粉身碎骨。

丁香姨道："她一向很精明，她知道最安全的法子，就是把罗刹牌卖给别人。"

她叹息着，又道："一个女人到了她那种年纪，生活既没有倚靠，精神也没有寄托，总是会拼命想去弄点钱的，所以……"

陆小凤道："所以她跟你关系虽不同，还是要你拿出二十万两金子来。"

丁香姨黯然道："只可惜我现在比她更惨，我才真的什么都没有了。"

陆小凤勉强笑了笑，道："你至少还有个朋友。"

丁香姨道："你？"

陆小凤点点头，心里忽然涌起一种说不出的滋味——他们本不是"朋友"，他们的关系远比"朋友"更亲密。

可是现在……

丁香姨看着他，眼睛里也露出种说不出的表情，谁也不知道那是悲伤？是安慰？还是感激？

过了很久，她忽然问道："你能不能答应我一件事？"

陆小凤道："你说。"

丁香姨道："现在就连罗刹牌对我都已没用了，但我却还是希望能看看它，因为……因为我为它已牺牲了一切，若连一眼都没有看过，我死也不甘心。"

陆小凤道："你希望我找回它之后，带来给你看看？"

丁香姨点点头，凝视着他，道："你答不答应？"

"只不过那至少也是一个月以后的事了，那时候你还会在这里？"

"我会在的。"丁香姨凄然道,"现在我已只不过是个废物,无论是死是活,他们都已不会放在心上。"

她眼圈发红,泪又流下:"何况,像我这样一个人,还有什么地方可去?"

月影渐渐高了,外面更静,该上路的客人们,都已上了路。

陆小凤用衣袖轻轻拭干丁香姨脸上的泪痕,又坐下来。

又过了很久,她才轻轻地叹了口气,道:"你也该走了。"

陆小凤道:"你要我走?"

丁香姨笑了笑,道:"你总不能在这里陪我一辈子。"

她虽然在笑,笑容看来却比她流泪时还凄凉。

陆小凤想说话,又忍住。

丁香姨道:"你是不是还有话要问我?"

陆小凤点点头,有件事他本不该再问的,他不愿再触及她的伤痕,可是他又不能不问:"飞天玉虎究竟是个什么样的人?"

丁香姨的回答也和方玉香一样,居然连她都不知道飞天玉虎的身世和姓名——他的身世隐秘,行动难测,他身材瘦小,目光如鹰,无论对什么人,他都绝不信任,就连他的妻子亦不例外,但他武功绝高,生平从未遇见过对手——

这几点却已是毫无疑问的。

陆小凤又忍不住问:"拉哈苏是个什么样的地方呢?"

丁香姨道:"那地方也跟飞天玉虎的人一样,神秘而可怕,那里的人气量偏狭,对陌生的外来客总怀有敌意,除了两个人之外,无论谁说的话你最好都不要相信。"

陆小凤道:"我可以信任的这两个人是谁?"

丁香姨道:"一个叫老山羊,是我父亲的老伙伴;一个叫陈静静,从小就跟我在一起长大的。他们若知道你是我的朋友,一定会尽力帮助你。"

陆小凤记下了这两个名字。

丁香姨道:"一过了中秋,那地方就一天天地冷了,十月不到,就已封江。"

陆小凤也听说过,松花江一结了冰,就像是一条平坦而辽阔的大道。

丁香姨道:"没有到过那里的人,永远没法子想象那里有多么冷的,最冷的时候,鼻涕一流出来就会结成冰,连呼出的气都会结成冰碴子。"

陆小凤在心里叹了口气,情不自禁拉了拉衣襟。

丁香姨道:"我知道你通常都在江南,一定很怕冷,所以你最好趁着还不算太冷的时候,尽快赶去,出去后最好先买件可以御寒的皮袄。"

陆小凤忽然又觉得温暖起来,不管怎么样,她毕竟还是关心他的。

知道这世上居然还有人关心自己,总是件令人愉快的事。

只不过还有件事他也一定要问清楚。

他沉吟着,道:"玉罗刹一死,魔教内部难免有些混乱,为了避免引起别人乘虚而入,所以他的死,至今还是个秘密。"

丁香姨道:"知道这秘密的人确实不多。"

陆小凤道:"你怎么会知道的?"

丁香姨道:"黑虎堂下,又分白鸽、灰狼、黄犬三个分堂——"

"黄犬"负责追踪,"灰狼"负责搏杀,"白鸽"的任务,就是负责刺探传递各路的消息。

黑虎堂能够迅速崛起,这三个分堂办事的效率当然很高。

江湖中所有成名人物的身世、形貌、武功门派，以及他的特长与嗜好，白鸽堂中几乎都有一份纪录的资料。

丁香姨接着道："所以我还没有见到你之前，就已知道你是个什么样的人了。"

——她是不是早已知道他的弱点是女人，所以才想到要他来做自己的挡箭牌？

陆小凤没有往这方面去想，别人对不起他的事，他从来不愿多想，所以他心情总能保持明朗愉快。

丁香姨忽又笑了，笑得凄凉而尖酸："在黑虎堂里，我本来有两个职位。"

陆小凤道："哦。"

丁香姨道："我不但是总堂主的出气筒，也是白鸽堂的堂主。"

陆小凤终于走了。

丁香姨说的不错，他当然不能在这里陪她一辈子。

天气还是很晴朗，阳光还是同样灿烂，他的心情却已没有刚才那么愉快了。

想到这件事的复杂与艰巨，想到他所牵涉到的那些麻烦，他简直恨不得去跳河。

满院落叶，秋已深得连锁都锁不住，一个十三四岁的女孩子伶仃仃地站在枯树下，仿佛随时都可能被秋风吹走。

她手里拿着封信，一双充满了惊惶的眼睛，正在陆小凤身上打转。

陆小凤走过去，忽然对她笑了笑，道："你是不是在等我的？"

这女孩子吃了一惊，身子往后面缩得更紧，嗫嚅着道："你……你……你就是那个长着四条眉毛的陆小凤？"

陆小凤微笑道："我就是陆小凤，你呢？"

女孩子道:"我叫秋萍。"

看她单薄的身子、畏缩的神态,她的身世想必也像浮萍一样。

——女人是弱者,有很多女孩子的身世都很悲惨,遭遇都很可怜。

——这世界岂非就是属于男人的世界?

陆小凤叹了口气,柔声道:"是不是飞天玉虎叫你来的?"

秋萍点点头。

陆小凤道:"他是不是要你把这封信交给我?"

秋萍又点点头,用一双白生生的小手,捧着这封信交给了陆小凤。

信纸笔墨都用得很考究,字居然也写得很好。

小凤先生足下:

　　先生当代之大侠,绝世之奇男,弟慕名已久,只恨缘悭一面,未能识荆,山妻香姨,既蒙先生垂爱,弟唯有割爱以献,以略表寸心,望先生笑纳。他日有缘,当煮酒于青梅之亭,与先生共谋十日之醉。

　　又及,此间之食宿费用,弟已代付至月底,附上客栈收据一纸,盼查收。另附上休妻书乙纸,以清手续,亦盼查收。

下面的具名,果然是飞天玉虎。

陆小凤总算沉住了气,把这封信看完了,他忽然发觉自己的修养已有了进步,居然还没有把这封信撕破。

秋萍还站在那里,一双大眼睛还是不停地在他脸上打转,对这个长着四条眉毛的英俊男人,她好像也很有兴趣。

陆小凤又笑了,道:"你还在等我的回音?"

秋萍点点头,飞天玉虎一定很想知道陆小凤看过了他的信之后,会有什么反应?什么表情?

陆小凤道:"那么你就回去告诉他,他送我的礼,我很感谢,所以我也有样礼物要送给他。"

秋萍道:"是不是要我带回去?"

陆小凤道:"你没法子带回去,这样礼物一定要他当面来拿。"

秋萍又露出畏惧之态,道:"可是……"

陆小凤道:"可是我不妨先告诉你,我准备送他的礼物是什么,也好让你回去有个交代。"

秋萍松了口气,道:"你准备送他什么?"

陆小凤道:"送他一个屁眼。"

秋萍怔住。

她不懂,却不敢问,她想笑,又不敢笑。

陆小凤也没有笑,淡淡道:"我准备在他鼻子上打出一个屁眼来。"

"骂人"当然绝不是件值得向别人推荐的事,却永远有它值得存在的理由。

无论谁痛痛快快地骂过一个自己痛恨的人之后,总是会觉得全身舒畅,心情愉快的,就好像便秘多日忽然肠胃畅通。

第五章

贾乐山

01

只可惜这种愉快的心情,陆小凤并没有保持多久。

从客栈走出来,沿着黄尘滚滚的道路大步前行,还没有走出半里路,他就忽然发现了两样令他非常不愉快的事——

除了岁寒三友和他自己之外,道路上几乎已看不见别的行人,也不再有别人跟踪他。

除了一点点准备用来对付小费的散碎银子外,他囊中已不名一文。

他喜欢热闹,喜欢看见各式各样的人围绕他身边,就算他明知有些人对他不怀好意,他也不在乎。

他唯一真正在乎的事,就是寂寞——这世上假如还有一件能令他真正恐惧的事,这件事无疑就是寂寞。

"贫穷"岂非也正是寂寞的一种?寂寞岂非总是会跟着贫穷而来?

你有钱的时候,寂寞总是容易打发的;等到你囊空如洗时,你才会发现寂寞就像是你自己的影子一样,用鞭子抽都抽不走。

陆小凤叹了口气,第一次觉得那一阵阵迎面吹来的风,实在冷得要命。

午饭时陆小凤只吃了一碗羊杂汤，两个馒头，那三个糟老头却叫了四斤白切羊肉，五六样炒菜，七八个新蒸好的白面馒头，还喝了几壶酒。

陆小凤几乎忍不住要冲过去告诉他们："年纪大的人，吃得太油腻，肚子一定会痛的。"

这顿饭既然吃得并不愉快，小费本来就可以免了，只可惜一个人若是当惯了大爷，就算穷掉了锅底，大爷脾气还是改不了的。

所以付过账之后，他身上的银子更少得可怜。

拉哈苏还远在天边，他既不能去偷去抢，也不能去拐去骗，更不能去要饭，假如换了别的人，这段路一定已没有法子再走下去了。

幸好陆小凤不是别的人。

陆小凤就是陆小凤，不管遇着什么样的困难，他好像总有解决的法子。

黄昏后风更冷，路上行人已绝迹。

陆小凤背负着双手，施然而行，就好像刚吃饱了饭，还喝了点酒，正在京城前门外最热闹的地方逛街一样。

虽然他肚子里那点馒头早已消化得干干净净，可是心里却在笑，因为无论他走得多慢，岁寒三友都只有乖乖地跟在后面。

无论谁都知道陆小凤比鱼还滑，比鬼还精，只要稍微一放松，就连他的人影子都休想看得见了，他不停下来吃饭，他们当然也不敢停下来。

可是饿着肚子在路上吃黄土，喝西北风，滋味也实在很不好受。

岁寒三友一辈子也没有受过这种罪，孤松先生终于忍不住了，袍袖一拂，人已轻云般飘出，落在陆小凤面前。

陆小凤笑了，微笑着道："你为什么挡住我的路？是不是还嫌我走得太快？"

孤松铁青着脸，道："我只想问你一句话。"

他本来就不是那种很有幽默感的人，何况他肚子里唯一还剩下的东西，就是一肚子的恼火："我问你，你知不知道现在是什么时候了？"

陆小凤眨了眨眼，道："现在好像已到了吃饭的时候。"

孤松先生道："你既然知道，为什么还不赶快找个地方吃饭？"

陆小凤道："因为我不高兴。"

孤松先生道："不高兴也得去吃。"

陆小凤叹了口气，道："强奸逼赌我都听说过，倒还没有听说过居然有人要逼人去吃饭的。"

孤松道："现在你已听说过了。"

陆小凤道："我吃不吃饭，跟你有什么关系？"

孤松道："饭是人人都要吃的，你难道不是人？"

陆小凤道："不错，饭是人人都要吃的，但却有一种人不能吃。"

孤松道："哪种人？"

陆小凤道："没有钱吃饭的人。"

孤松终于明白，眼睛里居然好像有了笑意，道："若是有人请客呢？"

陆小凤悠然道："那也得看情形。"

孤松道："看什么情形？"

陆小凤道："看他是不是真心诚意地要请我。"

孤松道："若是我真心地要请你，你去不去？"

陆小凤微笑道："若是你真的要请，我也不好意思拒绝你。"

孤松盯着他，道："你没钱吃饭，要人请客，却偏偏不来开口求我,还要我先来开口求你!"

陆小凤淡淡地道:"因为我算准你一定会来的,现在你既然已经来了,就不但要管吃还得管住。"

孤松又盯着他看了半天,终于长叹了口气,道:"江湖中的传言果然不假,要跟陆小凤打交道,果然不容易。"

好菜,好酒,好茶。
孤松先生道:"你喝酒?"
陆小凤道:"喝一点。"
孤松道:"是不是要喝就喝个痛快?"
陆小凤道:"不但要痛快,而且还要快。"
他满满斟了一碗酒,一仰脖子,就倒在嘴里,一口就咽了下去。
他喝酒并不是真的在"喝",而是用"倒"的,这世上能喝酒的人虽不少,能倒酒的人却不多。
孤松看着他,眼睛里第二次露出笑意,也斟满一碗酒,一口咽下。
他喝酒居然也是用"倒"的。
陆小凤在心里喝一声彩:"这老小子倒真的有两下子!"
孤松面露得色,道:"喝酒不但要快,还要痛。"
陆小凤道:"痛?"
孤松道:"痛饮,三杯五杯,喝得再快也算不了什么。"
陆小凤道:"你能喝多少?"
孤松道:"能喝多少也算不了什么,要喝了不醉才算本事。"
这冷酷而孤傲的老人,一谈起酒经,居然也像是变了个人。
陆小凤微笑道:"你能喝多少不醉?"
孤松道:"不知道。"

陆小凤道:"难道你从未醉过?"

孤松并没有否认,反问道:"你能喝多少不醉?"

陆小凤道:"我只喝一杯就已有点醉了,再喝千杯也还是这样子。"

孤松眼睛里第三次露出笑意,道:"所以你也从未真的醉过?"

陆小凤也不否认,一仰脖子,又是一碗酒倒了下去。

棋逢敌手,是件很有趣的事,喝酒遇见了对手也是一样。

不喝酒的人,看见这么样喝酒的角色,就很无趣了。

青竹、寒梅连看都没看他们一眼,脸上也全无表情,慢慢地站起来,悄悄地走了出去。

夜寒如水。

两个人背负着双手,仰面望天,过了很久,青竹才缓缓问道:"老大已有多久从未醉过?"

寒梅道:"五十三天。"

青竹叹了口气,道:"我早已看出他今天一定想大醉一次。"

又过了很久,寒梅也叹了口气,道:"你已有多久未曾醉过?"

青竹道:"二十三年。"

寒梅道:"自从那次我们三个人同时醉过后,你就真的滴酒未沾?"

青竹道:"三个人中,总要有一个人保持清醒,大家才都能活得长些。"

寒梅道:"两个人清醒更好。"

青竹道:"所以你也有二十年滴酒未沾。"

寒梅道:"二十一年另十七天。"

青竹笑了笑,道:"其实你酒量比老大好些。"

寒梅笑了笑,道:"酒量最好的,当然还是你。"

青竹道："可是我知道，这世上绝没有永远不醉的人。"

寒梅点点头，道："不错，你只要喝，就一定会醉的。"

只要喝，就一定会醉。

这句话实在是千古不变，颠扑不破的。

所以陆小凤醉了。

02

屋子很大，生着很大的一炉火，陆小凤赤裸裸地躺在一张很大的床上。

他一向认为穿着衣服睡觉，就像脱了裤子放屁一样，是件又麻烦、又多余的事。

无论谁喝醉了之后，都会睡得很沉。

他也不例外，只不过他醒得总比别人快些。

现在窗外还是一片黑暗，屋子里也是一片黑暗，他就已醒了，面对这一片空空洞洞、无边无际的黑暗，他痴痴地出了半天神。

他想起了很多事，很多非但不能向别人叙说，甚至连自己都不敢去想的事，也许为了要忘记这些事，他才故意要跟孤松拼酒，故意要醉。

可是他刚刚睁开眼睛，想到的偏偏就是这些事。

该忘记的事为什么总是偏偏忘不了？

该记的事为什么总是偏偏想不起？

陆小凤悄悄地叹了口气，悄悄地坐起来，仿佛生怕惊醒了他身边的人。

他身边没有人,他是不是生怕惊醒了自己?

就在这时,他忽然听见了一声轻轻的叹息!

他身边虽然没有人,屋子里却有人。

黑暗中,隐约可见一条朦朦胧胧的人影,动也不动似的坐在对面的椅子上,也不知是什么时候来的,也不知坐了多久。

"醉乡路稳宜常至,他处不堪行。"这人叹息着,又道,"可是这条路若是去得太多了,想必也一样无趣得很。"

陆小凤笑了。

无论谁都笑不出来的时候,他却偏偏总是会忽然笑出来。

他微笑着道:"想不到阁下居然还是个有学问的人。"

这人道:"不敢,只是心中偶有所感,就情不自禁说了出来而已。"

陆小凤道:"阁下夤夜前来,就为了说这几句话给我听的?"

这人道:"还有几句话。"

陆小凤道:"我非听不可?"

这人道:"看来好像是的。"

他说话虽然平和缓慢,可是声音里却带着种比针尖还尖锐的锋芒。

陆小凤叹了口气,索性又躺下去:"非听不可的事,总是不会太好听的,能够躺下来听,又何必坐着?"

这人道:"躺下来听,岂非对客人太疏慢了些?"

陆小凤道:"阁下好像并不是我的客人,我甚至连阁下的尊容还未见到。"

这人道:"你要看看我?这容易。"

他轻轻咳嗽一声,后面的门就忽然开了,火星一闪,灯光亮起,一个黑衣劲装,黑巾蒙面,瘦削如兀鹰,挺立如标枪的人,就忽然从黑暗中出现。

他手里捧着盏青铜灯，身后背着把乌鞘剑，灯的形式精致古雅，剑的形式也同样古雅精致，使得他这个人看来像是个已被禁制于地狱多年的人，忽然受到魔咒所催，要将灾祸带到人间来的幽灵鬼魂一样。

甚至连灯光看来都是惨碧色的，带着种说不出的阴森之意。

端坐在椅子上的这个人，也就忽然出现在灯光下。

炉火已将熄灭。

阴森森的灯光，阴森森的屋子，阴森森的人。

他的衣着很考究，很华丽，他的神情高贵而优雅，他的眼睛炯炯有神，带着种发号施令的威严，可是他看起来，还是个阴森森的人，甚至比站在他身后的黑衣人更可怕。

陆小凤又笑了，道："果然不错。"

这人道："不错？我长得不错？"

陆小凤笑道："阁下这副尊容，果然和我想象中差不多。"

这人道："你已知道我是谁？"

陆小凤道："贾乐山。"

这人轻轻吐出一口气，道："你见过我？"

陆小凤摇摇头。

这人道："但你却认得我。"

陆小凤微笑道："除了贾乐山外，还有谁肯冒着风寒到这种地方来找我，除了贾乐山外，还有谁能用这种身佩古剑，劲气内敛的武林高手做随从？"

贾乐山大笑。他的笑也同样阴森可怕，而且还带着种尖刻的讥诮："好，陆小凤果然不愧是陆小凤，果然有眼力。"

陆小凤道："不敢，只不过眼中偶有所见，就情不自禁说了出来而已。"

贾乐山笑声停顿，盯着他，过了很久，才缓缓道："你也知道我的来意？"

陆小凤道："我情愿听你自己说。"

贾乐山道："我要你回去。"

陆小凤道："回去？回到哪里去？"

贾乐山道："回到那软红十丈的花花世界，回到那些灯光辉煌的酒楼赌坊，回到倚红偎翠的温柔乡去，那才是陆小凤应该去的地方。"

陆小凤叹了口气，道："这是实话，我也很想回去，只可惜……"

贾乐山打断了他的话，道："我也知道你近来手头不便，所以早就替你准备好盘缠。"

他又咳嗽一声，就有个白发苍苍的老家人，领着两条大汉，抬着一口很大的箱子走进来。

箱子里装满了一锭锭耀眼生花的黄金白银。

陆小凤皱眉道："哪里来的这许多阿堵物，也不嫌麻烦么？"

贾乐山道："我也知道银票比较方便，却总不如放在眼前的金银实在，要想打动人心，就得用些比较实在的东西。"

陆小凤道："有理。"

贾乐山道："你肯收下？"

陆小凤道："财帛动人心，我为什么不肯收下？"

贾乐山道："你也肯回去？"

陆小凤道："不肯。"他微笑着接道，"收不收下是一件事，回不回去又是另外一件事了，两件事根本连一点关系都没有。"

贾乐山笑了。

他居然也是那种总是要在不该笑时发笑的人。

"这是利诱。"他微笑着道，"对你这样的人，我也知道只凭利诱一定不成的。"

陆小凤道:"你还准备了什么?"

贾乐山道:"利诱不成,当然就是威逼。"

陆小凤道:"很好。"

黑衣人忽然道:"很不好。"

陆小凤道:"不好?"

黑衣人道:"阁下声名动朝野,结交遍天下,连当今天子,都对你不错,我若杀了你这样的人,麻烦一定不少。"

陆小凤道:"所以你不想杀我?"

黑衣人道:"不想。"

陆小凤道:"我也正好不想死。"

黑衣人道:"只可惜我的剑一出鞘,必定见血。"

陆小凤又笑了:"这就是威逼?"

黑衣人道:"这只不过是个警告。"

陆小凤道:"警告之后呢?"

黑衣人慢慢地放下铜灯,慢慢地抬起手,突听"锵"的一声,剑已出鞘。

苍白的剑,仿佛正渴望痛饮仇敌的鲜血。

陆小凤叹了口气,道:"果然是难得一见的利器。"

黑衣人道:"你在为自己叹息?"

陆小凤道:"不是。"

黑衣人道:"不是?"

陆小凤道:"我是为了你,为你庆幸,为人庆幸时我也同样会叹息。"

黑衣人道:"哦?"

陆小凤道:"你身佩这样的神兵利器,却为贾乐山这样的人做奴才,你们自江南一路前来,居然没有遇见我那个朋友,运气实在不错。"

黑衣人道:"若是遇见了你那朋友又怎样?"

陆小凤道:"若是遇见了他,这柄剑此刻已是他的,你的人已入黄土。"

黑衣人道:"你的口气倒不小。"

陆小凤道:"这不是我的口气,是他的。"

黑衣人道:"他是谁?"

陆小凤道:"西门吹雪!"

西门吹雪!

白雪般的长衫飘动,一滴鲜血正慢慢地从剑尖滴落……

闪电般的剑光,寒星般的眼睛。

鲜血滴落,溅开……

黑衣人握剑在手上,青筋暴现,瞳孔也突然收缩:"可惜你不是西门吹雪!"

就在这一瞬间,他的剑已刺出,剑光如虹,剑气刺骨!

惊人的力量,惊人的方位,惊人的速度!

这样的利剑,用这样的速度刺出,威力已不下于闪电雷霆。

有谁能挡得住闪电雷霆的一击?

陆小凤!

他还是静静地躺着,只从棉被里伸出一只手,用两根手指轻轻一夹!

这才是妙绝天下,绝世无俩的一着!

这才是无与伦比,不可思议的一着!

两指一夹,剑光顿消,剑气顿收。

也就在这一瞬间，屋顶上的瓦突然被掀起一片，一个人猿猴般倒挂下来，双手一扬，三十七道寒星暴射而出，暴雨般打向陆小凤。

这一着才是出人意料，防不胜防的杀手！

只听"噗、噗、噗"一连串急响，三十七件暗器全都打在陆小凤盖着的棉被上。

仅仅只不过打在棉被上。

这样的距离，这样暗器的力量，本可透穿甲胄，却打不穿这条棉被，反而被弹了回去，散落满地。

黑衣人看着自己握剑的手，倒挂在屋脊上的人却在叹息："久闻陆小凤的灵犀一指妙绝天下，想不到居然还有这么惊人的内家功力。"

陆小凤笑了笑，道："其实我自己也想不到，一个人在拼命的时候，力气总是特别大的。"

黑衣人忽然道："这不是力气，这是真气真力。"

陆小凤道："真气真力也是力气，若没有力气，哪里来的真气真力？"

他伸出另一只手，轻抚剑锋，又叹息了一声，道："好剑！"

黑衣人道："你……"

陆小凤又笑了笑，道："我不是西门吹雪，所以剑还是你的，命也还是你的。"

贾乐山也笑了。

"这是威逼。"他微笑着道，"利诱不成，威逼又不成，你说我应该怎么办？"

陆小凤道："你为什么不回去？"

这句话贾乐山好像听不见，又道："常言道，英雄难过美人关，阁下无疑是英雄，美人何在？"

美人就在门外。

03

风吹过，一阵幽香入户。

指甲留得很长的老家人，用一根银挖耳挑亮了铜灯，门外就有个淡妆素服的中年妇人，扶着个紫衣少女走了进来。

这妇人修长白皙，体态风流，乌黑的头发梳得一丝不乱，在灯光下看来，皮肤犹如少女般娇嫩，无论谁都看得出，她年轻时必定是个美人，现在虽然已到中年，却仍然有种可以令男人心跳的魅力。

对男人们说来，这种经验丰富的女人，有时甚至比少女更诱惑。

可是站在这紫衣少女的身旁，她所有魅力和光彩都完全引不起别人的注意了。

没有人能形容这少女的美丽，就正如没有人能形容，第一阵春风吹过湖水时，那种令人心灵颤动的涟漪。

她垂着头走进来，静静地站在那里，悄悄地抬起眼，凝视着陆小凤。

她甚至连指尖都没有动，只不过用眼睛静静地凝视着陆小凤。

陆小凤心里已经起了阵奇异的变化，甚至连身体都起了种奇异的变化。

她眼睛里就仿佛有种看不见的火焰，在燃烧着男人的欲望。

看见这少女，陆小凤才明白什么样的女人才能算作天生尤物。

贾乐山舒舒服服地靠在椅子上，欣赏着陆小凤脸上的表情，悠悠道："她叫楚楚，你看她是不是真的楚楚动人？"

陆小凤不能不承认。

贾乐山道："看样子你好像很喜欢她。"

陆小凤也不能否认。

贾乐山轻轻吐出口气，道："好，你随时要回去，她都可以跟你走，带着这口箱子一起走。"

陆小凤也轻轻吐出口气，道："那么你最好叫她在这里等我。"

贾乐山道："你什么时候回去？"

陆小凤道："一找到罗刹牌，我就立刻回去。"

贾乐山的脸色变了，道："你究竟要怎么样才肯答应？你究竟要什么？"

陆小凤眼珠子转了转，道："本来我是什么都不要的，可是现在，我倒想起了一件东西。"

贾乐山道："你想要的是什么？"

陆小凤道："我要司空摘星的鼻子。"

贾乐山怔了怔，道："黄金美人你都不要，为什么偏偏想要他的鼻子？"

陆小凤道："因为我想看看他，没有鼻子之后，还能不能装神扮鬼，到处唬人。"

贾乐山盯着他，忽然大笑。

他的笑声已变了，变得豪迈爽朗，仰面大笑道："好，好小子，想不到我这次还是没有唬住你，你是怎么看出来的？"

这句话说出来，已无疑承认他就是司空摘星。

陆小凤淡淡道："我嗅出了你的贼味。"

司空摘星道："我有贼味？"

陆小凤道："无论是大贼小贼，身上都有贼味的，你是偷王之王，贼中之贼，那味道自然更重，何况……"

司空摘星抢着问道："何况怎么样？"

陆小凤道："我就算已醉得不省人事，除了你这种做小偷做惯了的人之外，别人还休想能溜到我屋里来，偷我的衣服。"

他衣服本来是放在床头的，现在却已踪影不见。

司空摘星笑道："我只不过替你找个理由，让你好一直赖在被窝里，谁想要你那几件破衣服？"

陆小凤道："你当然也不想要我的脑袋？"

司空摘星道："你的脑袋太大，带在身上嫌重，摆在家里又占地方。"

陆小凤道："你想要什么？"

司空摘星道："想看看你。"

陆小凤道："你还没有看够？"

司空摘星道："你若以为我要看你，你就搞错了，我只要看你一眼，就倒足了胃口。"

陆小凤道："是谁想看我？"

司空摘星道："贾乐山。"

陆小凤道："真的贾乐山？"

司空摘星点点头，道："他想看看你这个长着四条眉毛的怪物，究竟是个什么样的人？究竟有多厉害？"

陆小凤道："他自己为什么不来？"

司空摘星道："他已经来了。"

陆小凤道："就在这屋子里？"

司空摘星道："就在这屋子里，只看你能不能认得出他来。"

04

屋子里一共有九个人。

除了司空摘星和陆小凤外,一个是身佩古剑的黑衣人,一个是犹自倒挂在屋梁上的暗器高手,一个是指甲留得很长的老家人,一个是紫衣少女,一个是中年美妇,还有两个抬箱子进来的大汉。

这七个人中,谁才是真的贾乐山?

陆小凤上上下下打量了黑衣人几眼,道:"你身佩古剑,武功不弱,又不敢以真面目见人,莫非你就是贾乐山?"

黑衣人不开口。

陆小凤却又摇了摇头,道:"不可能。"

黑衣人忍不住问道:"为什么不可能?"

陆小凤道:"因为你的剑法虽然锋锐凌厉,却少了股霸气。"

黑衣人道:"怎见得贾乐山就一定有这种霸气?"

陆小凤道:"若是没有霸气,他昔年又怎么能称霸四海,号令群豪?"

黑衣人又不开口了。

陆小凤第二个打量的,是那猿猴般倒挂着的暗器高手,只打量了一眼,就立刻摇头,道:"你也不可能是他。"

"为什么?"

陆小凤道:"因为像贾乐山这样的人,绝不会像猴子般倒挂在屋顶上。"

这人也不开口了。

然后就轮到那指甲留得很长的老家人。

陆小凤道:"以你的身份,指甲本不该留得这么长的,你挑灯用的银挖耳,不但制作极精,而且本是老江湖们用来试毒的,你眼神充足,内家功夫必定不弱。"

老家人神色不变,道:"莫非你认为老朽就是贾乐山?"

陆小凤笑了笑,道:"你也不可能。"

老家人道:"为什么?"

陆小凤道:"因为你不配。"

老家人变色道:"不配?"

陆小凤道:"贾乐山昔年称霸海上,如今也是一方大豪,他的饮食中是否有毒,自然有他的侍从们去探测,他自己身上,又何必带这种鸡零狗碎?"

老家人也闭上了嘴。

那两个抬箱子的大汉更不可能,他们粗手粗脚,雄壮而无威仪,无论谁一眼就可以看得出。

现在陆小凤正凝视着那紫衣少女。

司空摘星道:"你看她会不会是贾乐山?"

陆小凤道:"她也有可能。"

司空摘星几乎叫出来:"她有可能?"

陆小凤道:"以她的美丽和魅力,的确可以令男人拜倒裙下,心甘情愿地受她摆布,近百年来称雄海上的大盗,本就有一位是倾国倾城的绝色美人,只可惜……"

司空摘星道:"只可惜怎么样?"

陆小凤道:"可惜她的年纪太小了,最多只不过是贾乐山的女儿。"

司空摘星看着他,眼睛里居然露出种对他很佩服的样子,道:"那么现在只剩下一个人。"

剩下的是那中年美妇。

"难道她是贾乐山？"

"当然也不可能。"

陆小凤道："贾乐山三十年前就已是海上之雄，现在至少已该有五六十岁。"

这中年妇人看来最多也不过四十左右。

陆小凤道："据说贾乐山不但是天生神力，而且能勇冠万夫，昔年在海上的霸权争夺战中，总是一马当先，勇不可当。"

这中年妇人却极斯文、极秀弱。

司空摘星微笑道："你说得虽有理，却忘了最重要的一点。"

陆小凤道："哦？"

司空摘星道："你忘了贾乐山是个大男人，这位姑奶奶是女的。"

陆小凤道："这一点并不重要。"

司空摘星道："哦？"

陆小凤道："现在江湖中精通易容术的人日渐增多，男扮女，女扮男，都已算不了什么。"

司空摘星道："不管怎样，你当然也认为她绝不可能是贾乐山。"

陆小凤道："确是不可能。"

司空摘星道："但我却知道，贾乐山的确在这屋里，他们七个人既然都不可能是贾乐山，贾乐山是谁呢？"

陆小凤笑了笑，道："其实你本不该问这句话的。"

司空摘星道："为什么不该问？"

陆小凤道："因为你也知道，世事如棋，变化极多，有很多不可能发生的事，都已发生了，有很多不可能做到的事，现在都已做到，连沧海都会变成了桑田，何况别的事？"

司空摘星道："所以……"

陆小凤道:"所以这位姑奶奶本来虽不可能是贾乐山,但她却偏偏就是的。"

司空摘星道:"你难道说他是男扮女装?"

陆小凤道:"嗯。"

司空摘星笑道:"贾乐山称霸七海,威慑群盗,当然是个长相很凶的伟丈夫,他若长得这么秀气,海上群豪怎么会服他?"

陆小凤道:"也许你已忘了他昔年外号,我却没有忘。"

司空摘星道:"你说来听听。"

陆小凤道:"他昔年号称'铁面龙王',就因为和先朝名将狄青一样,冲锋陷阵时,脸上总是戴着个相貌狰狞的青铜面具。"

他微笑着,又道:"狄青本是个美男子,知道自己的容貌不足以慑人,所以才要戴那种面具,贾乐山想必也如此。"

司空摘星居然也闭上了嘴。

那中年妇人却叹了口气,道:"好,好眼力。"

陆小凤道:"虽然也不太好,马马虎虎总还过得去。"

中年妇人道:"不错,我就是贾乐山,就是昔年的'铁面龙王',今日的江南善士。"

说到"贾乐山"三个字时,他那张"风情万种"的脸,已变得冷如秋霜,说到"铁面龙王"四个字时,他眼睛里已露出刀锋般的锋芒,说完了这句话时,他就已变了一个人。

他的衣着容貌虽然完全没有改变,神情气概却已完全改变,就像是一柄出了鞘的利剑,连陆小凤都可以感觉到他的杀气。

——杀人如草芥的武林大豪,就像是利剑一样,本身就带着种杀气。

他凝视着陆小凤,接着又道:"但我却也想不通,你是怎么看出来的?"

陆小凤微笑，道："因为她。"

他眼睛看着的是楚楚，每看到她时，他眼睛里就会充满赞赏和热情。

贾乐山眼睛里却充满了狐疑和愤怒，道："因为她？是她暗示你的？"

看见贾乐山的表情，陆小凤笑得更愉快，悠然道："你一定这么说也无妨，因为，她若不在这里，我一定想不到你是贾乐山。"

贾乐山扶着楚楚的手忽然握紧，楚楚美丽的脸上立刻现出痛苦之色。

陆小凤在心里叹了口气，直到现在，他才能确定他们之间的关系。

凶恶狡猾的老狐狸，温柔美丽的小白兔；贪婪的兀鹰，失去自由的金丝雀……

他不忍再看她受苦，立刻解释道："像她这样的女孩子，无论走到哪里，男人们都会忍不住要多看她两眼的！"

贾乐山道："哼。"

陆小凤道："可是这里的男人们，却连看都没有看过她，甚至偷偷地看一眼都不敢，女人们天生就喜欢被男人看的，他们不敢看她，当然不是怕她生气，而是因为怕你，所以……"

贾乐山道："所以怎么样？"

陆小凤道："所以我就问自己，这里的男人都不是好惹的人，为什么要怕你？莫非你就是那杀人不眨眼的贾乐山？"

贾乐山盯着他，忽然大笑，道："好，说得好，想得也好。"

陆小凤道："你本不是来听我说话，你是来看我的，你要看看我是怎么样一个人？"

贾乐山道："不错。"

陆小凤道："现在你已看过了。"

贾乐山道:"是的。"

陆小凤道:"我是怎么样一个人?"

贾乐山道:"你是个聪明人。"

陆小凤笑道:"好,说得好。"

贾乐山道:"你不但聪明,而且意志坚强,无论什么事都很难打动你,我想你若真的要去做一件事时,必定百折不回,全力以赴。"

陆小凤道:"好,想得也好。"

贾乐山道:"你是个很好的朋友,却是个很可怕的对手。"

他目光刀锋般盯着陆小凤:"只可惜你不是我的朋友,所以你只有死!"

陆小凤道:"只有死?"

贾乐山冷冷道:"非死不可!"

05

夜更深,风更冷。

黑衣人还是标枪般站在那里,白发苍苍的老家人又从身上拿出把小锉子,正在锉自己的指甲。

屋梁上倒挂着的人,不知何时已落下,连一点声音都没有发出来。

贾乐山道:"你的确没有看错,他们三个人的确都是不好惹的,刚才你虽然接住了老三的一着杀手剑、老二的一手满天花雨,再加上老大,情况就不同了。"

陆小凤看了看那白发苍苍的老家人,道:"老大就是你?"

白发老家人冷笑了一声,屈起手指,中指上三寸长的指甲,竟仿佛变得柔软如棉,卷成了一圈,突又弹出,只听"哧"的一声,急风响过，七八尺外的窗纸，竟被他指甲弹出的急风刺穿一个小洞。

这根指甲若是真的刺在人身上，会有什么样的结果？

陆小凤也不禁喝一声彩："好！好一着弹指神通，果然不愧是华山绝技。"

老家人冷冷道："你的眼力也果然不差。"

陆小凤叹息着道："崆峒的杀手剑、辛十娘门下的满天花雨，再加上华山的弹指神通，看来我今天好像已真的非死不可。"

司空摘星忽然笑了笑，道："别人说你眼力不差，我却要说你眼力不佳。"

陆小凤道："哦？"

司空摘星道："你只看出了他们三个人的武功来历，却忘了这里还有两个可怕的人。"

陆小凤道："我没有忘。"

司空摘星道："你有没有算上我？"

陆小凤道："没有。"

司空摘星道："为什么？"

陆小凤道："因为我眼中看来，你非但一点也不可怕，而且很可爱。"

司空摘星笑了。

陆小凤道："你想不到我居然会说你可爱？"

司空摘星道："我也想不到你居然看得出这位楚楚姑娘的可怕。"

陆小凤笑道："我也看得出她的可爱。"

可爱的人，岂非通常都是可怕的？

——这句话你也许不懂，可是等你真的爱上一个人时，你就会明白我的意思了。

司空摘星道："有句话你一定还没有听说过。"

陆小凤道:"什么话?"

司空摘星道:"楚楚动人,夺命追魂。"

陆小凤转过头,看看楚楚,摇着头叹道:"我实在不信你有夺命追魂的本事。"

楚楚嫣然一笑,道:"我自己也不信。"

她的笑如春花初放,她的声音如黄莺出谷,但她的出手,却比赤链蛇还毒。

就在她笑得最甜时,她已出手,金光一闪,闪电般刺向陆小凤的咽喉。

她用的武器,就是她头发上的金钗。

陆小凤已准备出手去夹,他的出手从不落空。

可是这一次他的手刚伸出,就立刻缩了回去,因为就在这金光一闪间,他已发现金钗上竟带着无数根毫毛般的芒刺。

他出手一夹,这根金钗虽然必断,钗上的芒刺,却必定要刺入他的手。

刺上当然有毒,他的对头们想用这种法子来对付他的,楚楚已不是第一个。

陆小凤至今还能活得好好的,并不完全是因为他的运气。

他的眼睛快,反应更快,手缩回,人也已滑开,金钗堪堪擦着他的脖子划过。

楚楚手腕一转,金钗又划出。

这根金钗短而轻巧,变招当然极快,眨眼之间,已刺出二十七招,每一招划出的角度都令人很难闪避,每一招刺的都是要害。

这位楚楚动人的姑娘手中的金钗,实在远比那黑衣人的利剑更可怕。

只可惜她遇见的对手是陆小凤。

她的出手快，陆小凤躲得更快，她刺出二十七招，陆小凤避开了二十六招，突然一反手，握住了她纤美柔细的手腕。

手腕并没有断，陆小凤一向是个怜香惜玉的人，怎么能狠得下这个心来？

她的心却够狠，腰肢一扭，突然飞起一脚，猛踢陆小凤的阴囊。

这实在不是一个淑女应该使出的招式，谁也想不到，像她这么样一个温柔可爱的女孩子，会使出这么样恶毒的招式来。

陆小凤却偏偏想到了，将她的手腕轻轻一拧、一甩，她的脚刚踢出，人已被甩了出去，勉强凌空翻身，跌进了贾乐山的怀抱。

贾乐山皱了皱眉，道："你受伤了没有？"

这句话居然问得很温柔。

楚楚摇摇头，慢慢地从贾乐山怀抱中滑下来，突然反手，手里的金钗笔直刺入了贾乐山的胸膛。

这变化非但陆小凤想不到，贾乐山自己更连做梦都没有想到。

这无疑是致命的一击！

贾乐山毕竟不愧是一代枭雄，居然临危不乱，居然还能出手，而且一出手就扼住了楚楚的咽喉。

楚楚的脸已吓得全无血色，喉咙里不停地"咯咯"直响。

贾乐山的手已收紧，狞笑道："贱人，我要你的……"

一句话还没有说完，只听"嗤"的一响，一根三寸三分长的指甲，已点在他脑后"玉枕穴"上。

这也是致命的一击！

贾乐山手松开，狂吼翻身，扑向那白发苍苍的老家人。

可是他刚翻过身，又是一阵急风破空，十三点寒星打在他背脊上，一柄苍白的剑也闪电般刺过来，刺入了他的腰。

四个人一击得手，立刻后退，退入了屋角。

剑拔出，鲜血飞溅，贾乐山居然还没有倒下，一张很好看的脸却已变得说不出的狰狞可怕，一双很妩媚的眼睛也凸了出来，盯着这四个人，嘶声道："你……你们这是为了什么？"

黑衣人紧握着手里的剑，手背上青筋暴起，指节也因用力而发白，却还是在不停地发抖。老家人和梁上客也在发抖。

他们都已抖得说不出话。

能说话的反而是楚楚，她咬着嘴唇，冷笑道："你自己应该明白我们这是为了什么？"

贾乐山叹出了最后一口气，道："我不明白……"

这四个字的声音愈说愈弱，说到最后一个字，已变成了叹息。

他不明白，死也不明白。

灯光也已渐渐微弱。

屋子里一点声音也没有，甚至连呼吸声和心跳声都已停顿。

贾乐山已倒在他自己的血泊中。

他来得很突然，死得更突然。

06

陆小凤松开手，忽然发现自己的手心里也捏着把冷汗。

第一个开口的还是楚楚——这是不是因为女人的舌头天生就比男人轻巧柔软？

她已转身面对着陆小凤："你一定想不到我们会杀他。"

陆小凤承认，他相信这种事无论谁都一定会同样想不到的。

楚楚道："你也不知道我们为什么要杀他？"

陆小凤迟疑着——不相配的姻缘，总是会造成悲剧的，这一点他并不是不知道，但他却宁愿让她自己说出来。

楚楚脸上的表情果然显得既悲哀、又愤怒："他用暴力占有了我，强迫我做他的玩物，又捏住了他们三个的把柄，强迫他们做他的奴才，我们早就想杀了他，只可惜一直找不到机会。"

贾乐山无疑是个极可怕的人，没有十拿九稳的机会，他们当然不敢轻举妄动。

陆小凤道："这次难道是我替你们造成了机会？"

楚楚点点头，道："所以我们不但感激你，还准备报答你。"

陆小凤笑了。

"报答"这两个字从一个女人嘴里说出来，通常特别有意义的。

楚楚的态度却很严肃，又道："我们知道你是去找罗刹牌的，也知道你根本连一点把握都没有，因为现在我们的条件还是比你好。"

陆小凤道："哦。"

楚楚道："只要你愿意，我们可以全力帮助你。"

陆小凤道："怎么帮法？"

楚楚指着地上装满金银的箱子，道："像这样的箱子，我们车上还有十二口，李霞并不知道贾乐山已死了，也没有见过他的真面目，所以……"

陆小凤道："所以我若冒充贾乐山，用这些钱去买李霞的罗刹牌，会不费吹灰之力就可以得到手。"

楚楚叹了口气，道："贾乐山至少有一点没看错，你的确是个聪明人。"

陆小凤道："但我却想不通你们为什么要这么做。"

楚楚沉吟着道："因为我们不愿让别人知道贾乐山是死在我们手里。"

陆小凤道:"你们怕他的弟子来报仇?"

楚楚笑了笑,道:"没有人会为他报仇,只不过……"

陆小凤道:"只不过他是个很有钱的人,留下很多遗产,杀死他的人就没法子去分他的遗产了。"

楚楚又叹了口气,道:"你实在聪明,简直聪明得要命。"

陆小凤道:"你们既然没把握杀了我灭口,又怕这秘密泄露,就只有想法子来收买我。"

楚楚眨了眨眼,道:"这样的条件,你难道还觉得不满意?"

陆小凤笑了笑,道:"只可惜这里有眼睛的人并不止我一个,有嘴的人也不止我一个。"

楚楚道:"在这屋里的都是我们自己人,只有司空大侠……"

司空摘星道:"我不是大侠,是大贼。"

楚楚微笑道:"我们知道司空大贼是陆小凤的朋友,陆小凤若是肯答应,司空大贼是绝不会出卖他的。"

司空摘星瞪眼道:"我说我自己是大贼,你也说我是大贼?"

楚楚嫣然道:"这就叫恭敬不如从命。"

司空摘星也笑了。

他也是个大男人,一个美丽的女人在男人面前,无论说什么话,男人通常都会觉得很有趣的。

楚楚显然对自己的美丽很有自信,用眼角瞟着他,道:"你的意思怎么样?"

司空摘星道:"司空大贼并不是陆小凤的好朋友,随时都可以出卖陆小凤,只不过司空大贼一向不愿意惹麻烦,尤其不愿意惹这种麻烦,所以……"

楚楚道:"所以司空大贼也答应了?"

司空摘星道:"可是司空大贼也有个条件。"

楚楚眼波流动，道："什么条件？难道司空大贼要我陪他睡觉？"

这句话说出来，简直比刚才她踢出那一脚更令人吃惊。

司空摘星大笑，道："像你这样的女孩子，若是睡在我旁边，我睡着了都会吓醒。"

楚楚道："那么你要我怎么样？"

司空摘星道："只要罗刹牌到手，就放过那四个女人。"

楚楚道："你说的是李霞她们？"

司空摘星道："嗯。"

楚楚眨了眨眼，道："你为什么这样子关心她们？她们陪你睡过觉？"

司空摘星瞪着她，苦笑着摇头，道："你看起来虽像个乖女孩子，但为什么说起话来就像个拉大车的？"

楚楚嫣然道："因为我每次说话的时候，总是会觉得很刺激、很兴奋。"

司空摘星叹了口气，道："我只问你，我的条件你答不答应？"

楚楚道："我当然答应。"

司空摘星立刻站起来，向陆小凤挥了挥手，道："再见。"

陆小凤叫了起来："我的衣裳呢？"

司空摘星道："屋子里有这么样一个女人，你还要衣裳干什么？你几时变得这么笨的？"

他大笑纵身，最后一句话还没有说完，人已穿窗而出，眨眼间笑声已在三十丈外。

屋子里不知何时已剩下两个人，陆小凤躺在床上，楚楚站在床头。

她看来还是乖得很，又乖又温柔，不知怎地却又忽然问出一句令人很吃惊的话："你想不想要我陪你睡觉？"

陆小凤道:"想。"

这次他非但连一点都不吃惊,甚至连眼睛都没有眨一眨。

楚楚笑了,柔声道:"那么你就一个人躺在这里慢慢地想吧。"

她忽然扭转身,头也不回地走了出去,走到门口,才挥了挥手,道:"我们明天见。"

"砰"的一声,门关上。

陆小凤只有睁大了眼睛看着屋顶,在心里问自己:"我为什么总是遇见这些奇奇怪怪的人?奇奇怪怪的事?……"

他却不知道怪事还在后头哩。

第六章

松花江上

01

他们要去的地方并不在天边,在松花江上。松花江并不在天边,在白山黑水间。

"拉哈苏"就在松花江之南,这三个字的意思就是"老屋",它的名字虽然充满了甜蜜和亲切,其实却是个荒僻而寒冷的地方。

每到重阳前后,这里就开始封江,直到第二年的清明才解冻,封江的时候,足足有七个月——多么长的七个月。可是这七个月的日子并不难过。

事实上,老屋的人对封江的这七个月,反而充满了期待,因为这段时候他们的日子反而过得更多彩多姿,更丰富有趣。

"拉哈苏究竟在哪里?"

"在松花江上。"

"江上怎么会有市镇?"

"严格说来,并不是在江上,是在冰上。"

"在冰上?"陆小凤笑了,他见的怪事虽多,却还没有见过冰上的市镇。

没有到过拉哈苏的人，确实很难相信这种事，但"拉哈苏"却的确在冰上。

那段江面并不宽，只有二三十丈，封江时冰结十余尺。

久居老屋的人，对封江的时刻总有种奇妙的预感，仿佛从风中就能嗅得到封江的信息，从水波上就能看得出封江的时刻。

所以他们在封江的前几天，就把准备好的木架子抛入江中，用绳子牢牢系住，就好像远古的移民，在原野上划出他们自己的疆界一样。

封江后，这段河面就变成了一条又长又宽的水晶大道，亮得耀人的眼。

这时浮在江面上的木架子，也冻得生了根，再上梁加椽，铺砖盖瓦，用沙土和水筑成墙，一夜之间，就冻得坚硬如石。

于是一幢幢大大小小，各式各样的房子，就在江上盖了起来，在冰上盖了起来，用不着三五天，这地方就变成个很热闹的市镇，甚至连八匹马拉的大车，都可以在上面行走。

各行各业的店铺也开张了。

屋子外面虽然滴水成冰，屋子里却温暖如春。

陆小凤听来，这简直就像是神话。

"在那种滴水成冰，连鼻子都会冻掉的地方，屋子里怎么会温暖如春？"

"因为屋子里生着火，炕下面也生着火。"

"在冰上生火？"

"不错。"

"冰呢？"

"冰还是冰，一点也不会化。"

冰一直要到第二年的清明节才会融解，那时人们早已把"家"搬到岸上去了，剩下的空木架子，和一些用不着的废物，随着冰块滚滚顺流而下。

于是这冰上的繁华市镇，转眼间就化为乌有，就好像一场春梦一样。

02

现在还是封江的时候，事实上，现在正是一年中最冷的时候。

陆小凤就在这时候到了拉哈苏。

他当然不是一个人来的，因为现在他的身份不同，甚至连容貌都已不同。

除了原来那两撇像眉毛一样的小胡子外，他又在下巴上留了一点胡子，这改变若是在别人脸上，并不能算太大，但是在他脸上就不同了，因为他本来是个"有四条眉毛的人"，现在他这特征却已被多出来的这点胡子掩盖了。

这使得他看来几乎就像是变成了另外一个人——变成了江南的第一巨富贾乐山。

他的派头本来就不小，现在他带着一大批跟班随从，拥着价值千金的貂裘，坐在带着暖炉的大车里，看起来的确就像是个不可一世的百万富豪。

披着件银狐风氅的楚楚，就像是个小鸽子般依偎在他身旁。

这女孩子有时疯疯癫癫，有时却乖得要命，有时候看起来随时都可以陪你上床去，可是你真想动她，却连她的边都碰不到。

陆小凤也不例外，所以这几天他的心情并不太好。

他是个正常而健康的男人，一天到晚被这么样一个女孩子缠着，到了晚上却总是一个人睁大了眼睛看着屋顶发怔,你说他心情怎么好得起来?

岁寒三友还在后面远远跟着,并没有干涉他的行动。

他们唯一的目的就是希望陆小凤替他们找回罗刹牌,陆小凤变成贾乐山也好,变成真乐山也好,他们完全不闻不问,死人也不管。

从车窗中远远看出去,已可看见一条亮得耀眼的白玉水晶大道。

楚楚叹了口气,道:"这段路我们总算走完了。"

陆小凤也叹了口气,他虽然知道无论多艰苦漫长的路,都会有走完的时候,可是看到目的地已在望,心里还是觉得很愉快。

赶车的也提起精神,打马加鞭,拉车的马鼻孔里喷着白雾,浓浓的白沫子沿着嘴角往下流,远远看过去,已可以看到那冰上市镇的幢幢屋影。

然后夜色就已降临。

在这种极边苦寒之地,夜色总是来得很快,很突然,刚才还明明未到黄昏,忽然间,夜色就已笼罩大地。

光彩已暗淡了的水晶大道,一盏灯光亮起,又是一盏灯光亮起,本已消失在黑暗中的市镇,忽然间就已变得灯火辉煌。

灯光照在冰上,冰上的灯光反照,看来又像是一幢幢水晶宫殿,矗立在一片琉璃世界上,无论谁第一次看到这种景象,都一定会目眩情迷,心动神驰。

陆小凤也不例外。

这一路上他不但吃了不少苦,有几次连小命都差点丢掉。

但是在这一瞬间,他忽然觉得这一切都是值得的,若是时光倒流,让他回到银钩赌坊,重新选择,他还是会毫不考虑,再来一次。

——艰苦的经验,岂非总是能使人生更充足、更丰富?

——要得到真正的快乐欢愉,岂非总是要先付出艰苦的代价?

陆小凤忍不住又轻轻叹了口气，道："这地方假如就在你家的门口，随时都可以走过去，看来也许就不会有这么美了。"

楚楚也叹了口气，道："是的。"

03

夜，夜市。

市镇在冰上，在辉煌的灯火间，屋里的灯光和冰上的灯光交相辉映，一盏灯变成了两盏，两盏灯变成了四盏，如满天星光闪耀，就算是京城里最热闹的街道也比不上。

街道并不窄，两旁有各式各样的店铺，车马行人熙来攘往，茶楼酒店里笑语喧哗，看看这些人，再看看这一片水晶琉璃世界，陆小凤几乎已分不出这究竟是人间？还是天上？

走上这条街，他第一眼看见的是家小小酒铺，因为就在那块"太白遗风"的木板招牌下，正有个穿着紫缎面小皮袄的大姑娘，在笑眯眯看着他。

这位姑娘并不太美，笑得却很媚，很讨人欢喜，一张圆圆的脸上，笑起来时就露出两个很深的酒窝，一双不笑时也好像笑眯眯的眼睛，一直盯在陆小凤脸上。

楚楚从鼻子里冷笑了一声，道："看来她好像对你很有意思。"

陆小凤道："我根本不认得她！"

楚楚道："你当然不认得，但我认得。"

陆小凤道："哦？"

楚楚道："她姓唐，叫唐可卿，每个人都觉得她可以亲近，你好像也不例外。"

陆小凤笑道："你对她好像知道得不少。"

楚楚道："当然。"

陆小凤道："但她却好像不认得你？"

楚楚眨了眨眼，道："你猜猜看，我是怎么会认得她的？"

陆小凤道："我猜不出，也懒得猜。"

楚楚道："贾乐山做事一向很仔细，还没有来之前就已把她们四个人调查得很清楚，还找人替她们画了一张像。"

陆小凤皱眉道："难道她也是被蓝胡子遗弃的那四个女人其中之一？"

楚楚道："她本来是老三，也就是蓝胡子的二姨太。"

陆小凤忍不住想回头再去看她一眼，却看见了另外一个女人。

这女人正从对面一家专治跌打损伤的草药店走进唐可卿的小酒铺，她穿的是套黑衣服，身材很瘦小，脸上总是带着种冷冷淡淡的表情，好像全世界每个人都欠了她三百两银子没还。

无论怎么看，她都绝不是那种引人好感的女人，却偏偏很引人注意，她和唐可卿正是两种绝不相同的典型，两个人却偏偏是朋友，而且是很熟的朋友。

楚楚道："你是不是对这个女人很有意思？"

陆小凤苦笑道："我也不认得她。"

楚楚道："我也认得她。"

陆小凤道："难道她是……"

楚楚道："她姓冷，叫红儿，本来是蓝胡子的三姨太。"

陆小凤叹了口气，道："蓝胡子倒真是个怪人，要了那么样一个甜甜蜜蜜的二姨太之后，为什么还要娶这么样一个冷冷冰冰的人做老三？"

楚楚淡淡道："冷冷冰冰的人，当然有她的好处，假如有机会，你也不妨去试试。"

陆小凤忍不住又回头去看，却看见两条大汉扶着个摔了腿的人走到那草药店门口，大声道："冷大夫在哪里？快请过来。"

原来那位冷红儿居然还是个专治跌打损伤的郎中，也正是这草药店的老板。

陆小凤笑道："我倒真看她不出，她居然还有这么样一手！"

楚楚冷冷道："何止一手？她还有好几手哩！"

陆小凤闭上了嘴，他终于发现不吃饭的女人在这世上也许还有几个，但不吃醋的女人却连一个也没有。

楚楚却又笑了，眨着眼笑道："其实蓝胡子的四个女人中，最好看的一个是大姨太陈静静。"

陈静静？

陆小凤听过这名字。

"……拉哈苏那里的人，气量最狭小，对陌生的外来客总怀有敌意，除了两个人外，无论谁说的话你最好都不要相信……一个叫老山羊，是我父亲昔年的伙伴，一个叫陈静静……"

他立刻想起了丁香姨叮咛他的话，他实在想不到陈静静也是蓝胡子的女人。

楚楚用眼角瞟着他，悠然道："你若想看看她，我倒可以带你去。"

陆小凤忍不住问道："你知道她在哪里？"

楚楚道："她是李霞的死党，一定会留在赌坊里帮李霞的忙。"

陆小凤道："赌坊？什么赌坊？"

楚楚道："银钩赌坊。"

陆小凤道："这里也有个银钩赌坊？"

楚楚点点头，道："李霞就是跟我们约好了要在这里的银钩赌坊见面的。"

陆小凤没有再问,因为他已看见了一枚发亮的银钩在风中摇晃。

门也不宽,银钩在灯下闪闪发亮。

04

陆小凤推开门,从刺骨的寒风中走进了这温暖如春的屋子,脱下了貂裘,便随手抛在门后的椅子上,深深地吸了口气。

空气里充满了男人的烟草味、酒味,女人的脂粉香、刨花油香……

这种空气并不适于人们作深呼吸,这种味道却是陆小凤所熟悉的。

司空摘星的确没有说错,他的确是属于这种地方的人。

他喜欢奢侈,喜欢刺激,喜欢享受,这虽然是他的弱点,他自己却从不否认。

——每个人都有些弱点的,是不是?

这赌坊的规模,虽然比不上蓝胡子的那个,赌客们也没有那边整齐,可是麻雀虽小,五脏俱全,各式各样的赌,这地方也都有。

陆小凤并没有等楚楚来挽他的臂,就挺起胸大步走了进去。

他知道每个人都在注意他,看他的衣着,无论谁都看得出这是位豪客,是个大亨。

大亨们的眼睛通常都是长在头顶上的,所以陆小凤的头也抬得很高,但他却还是看见了一个人赔着笑向他走了过来。

他并没有特别注意任何一个人,可是这个人的样子实在太奇怪,装束打扮更奇怪,就连陆小凤都很少看见这样的怪物。

这人身上穿的是件大红缎子的宽袍,袍子上面还绣满了各式各样的花朵,有些是黄的,有些是蓝的,有些是绿的,最妙的是,他头上还戴着顶很高很高的绿帽子,帽子上居然还绣着六个鲜红的大字:"天下第一神童。"

陆小凤笑了。

他当然认得出这个人,这个人当然就是李霞那宝贝弟弟李神童。

看见他笑,李神童也笑了,笑得半痴半呆,半癫半疯,摇摇晃晃地走过来,居然像女人一样向陆小凤请了个安,道:"你好。"

陆小凤忍住笑,道:"好。"

李神童道:"贵姓?"

陆小凤道:"贾。"

李神童眯起眼,上上下下地打量着他,道:"贾兄是从外地来的?"

陆小凤道:"嗯。"

李神童道:"却不知贾兄喜欢赌什么?天九?单双?骰子?"

他样子看来虽然半疯半癫,说起话来倒还相当清醒正常。

陆小凤还没有开口,后面已有个人替他回答:"这位贾大爷不是来赌钱的,是来找人的。"

说话的声音温柔清脆,是个女人的声音,却不是楚楚,是个态度也很温柔,而且长得很好看的女人,楚楚正在她身后朝陆小凤挤眼睛。

这女人莫非就是陈静静?

陆小凤声色不动,道:"你既然知道我是来找人的,当然也知道我找的是谁了?"

陈静静点点头,道:"请随我来。"

赌场后面还有间小屋子，布置得居然很精致，却看不见人。

陆小凤在一张铺着狐皮的大竹椅子上坐了下来，道："李霞呢？"

陈静静道："她不在。"

陆小凤沉下了脸，道："我不远千里而来找她，她却不在？"

陈静静笑了笑，笑得也很温柔，柔声道："就因她知道贾大爷来了，所以才走的。"

陆小凤怒道："这是什么意思？"

陈静静道："因为她暂时还不能和贾大爷见面。"

陆小凤道："为什么？"

陈静静道："她要我转告贾大爷，只要贾大爷能做到一件事，她不但立刻就来向贾大爷负荆请罪，而且还一定带着罗刹牌来。"

陆小凤道："她说的是什么事？"

陈静静道："她希望贾大爷先把货款交给我，等我把钱送到了之后，她就立刻会回来的。"

陆小凤故意一拍桌子，道："这算什么名堂？没有看到货，就得交钱！"

陈静静还是笑得很温柔，道："她还要我转告贾大爷，这条件贾大爷若是不肯答应，生意就谈不成了。"

陆小凤霍然长身而起，又慢慢地坐下。

陈静静微笑道："以我看，贾大爷还是答应这条件的好，因为她已经将罗刹牌藏到一个极秘密、极安全的地方，除了她之外，绝没有第二个人知道，她若不肯拿出来，也绝没有人能找到。"

陆小凤目光闪动，道："她生怕我逼她交出罗刹牌，所以我一到这里，她就躲了起来？"

陈静静并不否认。

陆小凤冷笑道："难道她就不怕我找到她？"

陈静静笑道："你找不到她的，她不愿见人的时候，谁也找不到她。"

她笑得温柔，眼睛里却充满了自信，看来也是个意志很坚强的女人，而且深信别人绝对找不到李霞藏在哪里。

陆小凤凝视着她，冷冷道："就算我找不到，我也有手段要你替我去找。"

陈静静微笑着摇了摇头，道："我当然知道贾大爷的手段高明，只可惜我既不知道罗刹牌藏在何处，也不知道李大姐到哪里去了，否则她又怎么会把我留在这里？"

她的态度很平静，声音也很平静，无论谁都看得出她说的不是假话。

陆小凤叹了口气，道："这么样看来，我若想要罗刹牌，就非答应她的条件不可？"

陈静静也叹了口气，道："我那位李大姐，实在是位极精明仔细的女人，我们也……"

她没有说下去，也不必再说下去，从这声叹息中，已应该可以听出她们也吃过李霞不少苦。

陆小凤沉吟着，道："我付钱之后，她若还不肯交货呢？"

陈静静道："这一点我没法子保证，所以贾大爷不妨好好地考虑考虑，我们已替贾大爷准备好了住处。"

陆小凤霍然站起，冷冷道："不必，我自己去找。"

陈静静道："贾大爷初到本地，连一个熟人都没有，怎么能找到房子？"

陆小凤大步走出去，仰着头道："我虽然没有熟人，可是我有钱。"

楚楚当然一直都在他身旁，两个人一走出这银钩赌坊，楚楚就笑着拍手，道："好，好极了。"

陆小凤道："什么事好极了？"

楚楚道："你那副样子装得实在好极了，活脱脱就像是个满身都是钱的大富翁。"

陆小凤苦笑道："其实我也知道贾乐山为人深沉阴刻，绝不会像这种暴发户的样子，可是我又偏偏装不出别的样子来。"

楚楚道："这样子就已经很好，我若不认得贾乐山，我一定也会被唬住的。"

陆小凤道："可是陈静静看来已经很不简单，李霞一定更精明厉害，我是不是能唬得住她呢？"

楚楚道："其实能不能唬住她都没关系，反正她认的是钱，不是人。"

陆小凤笑了笑，没有再说什么。

他心里正在想，陈静静他已见过了，在这种情况下，他当然不能透露自己的真实身份，更不能说出他是丁香姨的朋友。

老山羊呢？

就在他开始想的时候，一个人被人从酒楼里踢了出来，"吧嗒"一声，摔在冰上时，又滑出七八尺，恰巧滑到陆小凤面前。

这人反穿着一件皮袄，头戴着羊皮帽，帽子上居然还有两只山羊角，配着他又干又瘦又黄又老的脸，和那几根稀稀落落的山羊胡子，活脱脱正是一只老山羊。

陆小凤看着他，脸上完全没有表情，甚至连眼睛都没有眨一眨。

老山羊喘了半天气，才挣扎着爬起来，喃喃道："妈那个巴子，就算老爷们没有银子喝酒，你们这小王八羔子也用不着踢人呀。"

直等他骂骂咧咧，一拐一瘸地走远了，陆小凤才压低声音，吩咐楚楚:"叫辛老二去盯住他。"

辛老二就是那轻功暗器都很不错的人,也正是昔年"花雨"辛十娘的嫡系子弟。

那身佩古剑的黑衣人姓白,是老三,和华山门下那白发老人是结拜兄弟,只因为多年前做错过一件事,被贾乐山抓住了把柄,所以才不得不投在贾乐山门下,受了七八年的委屈,一直都翻不了身。这些话都是他们自己说的,陆小凤也就这么样听着,他是不是真的相信呢?谁也不知道。

"天长酒楼"其实并没有楼,却无疑是这地方规模最大、装修得最好的一栋房子。

现在这房子已经变成陆小凤的,他只用几句话就谈成了这交易。

"你们一天可以赚多少?"

"生意好的日子,总有个三五两银子。"

"我出一千两银子,你把这地方让给我,我走了之后,房子还是你的,你答不答应?"

当然答应,而且答应得很快。

于是挂在门口的招牌立刻就被摘下来,生意也立刻就不做了,半个时辰之后,就连床铺都已准备好,有钱的人做事岂非总是比较方便?

最方便的是,这里本来就有酒有菜,而且还有个手艺很好的厨子。

坐在生得很旺的炉火旁,几杯热酒喝下肚,陆小凤几乎已忘了外面的天气还是冷得可以把人鼻子都冻掉。

喝到第三壶酒的时候,辛老二才赶回来,虽然冷得全身在发抖,却只能远远地站在门口,不敢靠近炉火,他知道自己现在若是靠近了炉火,整个人说不定会像冰棍一样融化掉,若是将一双手泡进热水里,拿出来的时候说不定只剩下一副骨架子。

陆小凤等他喘过一口气，才问道："怎么样？"

辛老二恨恨道："那老王八本不该叫老山羊的，他简直是条老狐狸。"

陆小凤道："你吃了他的亏？"

辛老二道："他早就知道我在盯着他了，故意带着我在冰河上绕了好几个圈子，才回过头来问我是不是你要我去找他的？"

陆小凤道："你怎么说？"

辛老二道："他既然什么都知道了，我想不承认也不行。"

陆小凤道："现在他人呢？"

辛老二道："就在外面等着你，他还说，不管你是谁，不管你找他干什么，既然你要找他，就应该由你自己去。"

陆小凤叹了口气，苦笑道："不管他是老王八也好，是老狐狸也好，看来他骨头倒是满硬的。"

老山羊挺着胸在前面走着，陆小凤在后面跟着。

看来他不但骨头硬，皮也很厚，好像一点也不怕冷。

走出这条街，外面就是一片冰天雪地，银白色的冰河笔直向前面伸展出去，两岸上黑黝黝、灰蒙蒙的，什么都看不见。

从那千万点灯光里走到这寒冷黑暗的世界中来，滋味实在不好受。

陆小凤本来想沉住气，看看他葫芦里究竟卖的是什么药？现在却忍不住道："你到底想把我带到哪里去？"

老山羊头也不回，道："带回我家去。"

陆小凤道："为什么要到你家去？"

老山羊道："因为你要找我，不是我要找你。"

陆小凤只有认输，苦笑道："你家在哪里？"

老山羊道:"在大水缸里。"

陆小凤道:"大水缸是什么地方?"

老山羊道:"大水缸就是大水缸。"

05

大水缸的确就是大水缸,而且是个货真价实的大水缸。

陆小凤已活了二三十年,却从来也没有见过这么大的水缸。

事实上,假如他没有到这里来,就算他再活两三百年,也看不见这么大的水缸。

这水缸至少有两丈多高,看来就像是一栋圆圆的房子,又像是个圆圆的帐篷,但它却偏偏是个水缸,因为它既没有门,也没有窗户,上面却是开口的,还有条绳子从上面垂下来。

老山羊已拉着绳子爬上去了,正在向他招手,道:"你上不上得来?"

陆小凤道:"我上去干什么?我又不是司马光,我就算想要喝水,也用不着爬到这么样一个大水缸里去。"

他嘴里虽然在叽咕,却还是上去了。

水缸里没有水,连一滴水都没有。

水缸里只有酒,好大的一个羊皮袋里,装满了你只要喝一小口就保证会呛出眼泪来的烧刀子。

老山羊喝了一大口,眼睛反而更亮了。

水缸底乱七八糟地堆满了各式各样的兽皮,他抱着大酒袋,舒舒服服地坐了下来,才吐出口气道:"你见过这么大的水缸没有?"

陆小凤道:"没有。"

老山羊道："你见过我没有？"

陆小凤道："也没有。"

老山羊道："但我却好像见过你。"

陆小凤道："哦？"

老山羊道："你就是贾乐山贾大爷？"

陆小凤道："嗯。"

老山羊忽然笑了，摇着头，眯着眼笑道："你不是。"

陆小凤道："我不是贾乐山？"

老山羊道："绝不是。"

陆小凤道："那么我是谁？"

老山羊道："不管你是张三也好，是李四也好，我只知道你绝不是贾乐山，因为我以前见过那老王八羔子一次。"

陆小凤也笑了。

他本来不想笑的，却忍不住笑了，他忽然觉得这老头很有趣。

老山羊上上下下地打量着他，好像也觉得他很有趣，只要见过陆小凤的人，通常都会觉得他很有趣的。

陆小凤道："我想请……"

老山羊忽然打断了他的话，道："李霞是个怪人，丁老大更怪，为了喜欢喝无根水，居然不惜卖地卖房子，花了两年多的工夫做成这样两个大水缸，只为了夏天的时候接雨水喝。"

陆小凤道："丁老大就是李霞以前的老公？"

老山羊点点头，道："现在李霞虽然不见了，却绝对没有离开这地方，我可以保证她一定还躲在镇上，你若想问我她躲在哪里，我也不知道。"

陆小凤道："你怎么知道我是来打探这些事的？"

老山羊道："难道你不是？"

陆小凤道:"你也已知道我是谁?"

老山羊道:"我不必知道,也不想知道,不管你是谁,都跟我一点关系也没有。"

他又眯起了眼,眼睛里带着种诡谲的笑意,接着道:"我觉得你这人还不讨厌,所以就带你到这里来,告诉你这些话,假如你还想打听什么别的事,你最好找别人去。"

陆小凤却又问道:"你说这样的水缸本来是有两个的?"

老山羊道:"嗯。"

陆小凤道:"还有一个呢?"

老山羊道:"不知道。"

陆小凤道:"别的事,你什么都不知道?"

老山羊叹了口气,道:"我已经老了,老得几乎连自己贵姓大名都忘了,镇上的年轻人很多,年轻的女孩子也很多,无论你打听什么消息,都应该问他们去。"

他闭上眼睛,又喝了口酒,就舒舒服服地躺了下去,好像已下定决心,绝不再多看陆小凤一眼,绝不再跟陆小凤多说一句话。

陆小凤又笑了:"你知道我不是贾乐山,知道我认得丁老大的女儿,所以我提起她的名字时,你一点也不意外,你甚至还知道李霞并没有走,可是你却口口声声地说什么你都不知道。"

他摇着头,又笑道:"看来辛老二倒没有说错,你的确不该叫老山羊,你实在是条老狐狸。"

老山羊也笑了,忽然向他挤了挤眼睛,道:"你遇上我这条老狐狸倒不要紧,我只希望你莫要再遇上只狐狸精。"

06

  唐可卿开的那家小酒铺,就叫作"不醉无归小酒家"。

  天虽然已黑了很久,夜却还不深,陆小凤回去的时候,街上还是灯火辉煌,这不醉无归小酒家也还没有打烊。

  这酒铺看来并不差,老板娘长得更不错,但却也不知为了什么,里面总是冷冷清清的,看不见一个客人。

  所以陆小凤第一眼看见的,还是这长得并不太美,笑得却很迷人的大姑娘,她还是站在那块"太白遗风"的木板招牌下,笑眯眯地看着陆小凤,就好像存心在这里等他一样。

  她的笑不但是种诱惑,也像是种邀请。

  陆小凤从来也不会拒绝这种邀请的,何况他一向认为会笑的女孩子,也一定比较会说话,会说话的女孩子,就一定比较容易泄露别人的秘密。

  于是他也露出微笑,慢慢地走过去,正不知应该怎么样开口搭讪,唐可卿反而先开了口:"听说你已经把天长酒楼买了下来?"

  陆小凤真的笑了:"这地方消息传得好快!"

  唐可卿道:"这是个小地方,像你这样的大人物并不常见。"

  她笑得实在太甜,实在很像是个狐狸精。

  陆小凤轻轻咳嗽了两声,道:"不醉无归,到这里喝酒的,难道都非醉不可?"

  唐可卿嫣然道:"对,到这里来喝酒的,不醉都是乌龟。"

  陆小凤道:"若是醉了呢?"

  唐可卿道:"醉了就是王八。"

陆小凤大笑，道："所以到这里来喝酒的人，不做乌龟，就得做王八，这就难怪没有人敢上你的门了。"

唐可卿笑眯眯地用眼角瞟着他，道："可是你已经上了我的门。"

陆小凤道："我……"

唐可卿道："你明明已买下酒楼，却还要到这里来喝酒，你既不怕做乌龟，也不怕做王八，你这是为什么？"

她笑得更甜，更像是个狐狸精。

陆小凤忽然发现自己心又动了，忍不住去拉她的手，道："你猜我是为了什么？"

唐可卿眼波流动，道："难道你为的是我？"

陆小凤没有否认，也不能否认，他已握住了她的手，握得很紧。

她的手美丽而柔软，但却是冰冷的。

陆小凤道："只要你肯陪我喝酒，你要我醉也好，要我不醉也好，都由得你。"

唐可卿媚笑道："所以我要你做乌龟也好，做王八也好，你都答应？"

陆小凤的眼睛也眯了起来，道："那只看你答不答应？"

唐可卿红着脸道："你总得先放开我的手，让我去拿酒给你。"

陆小凤的心已经开始在跳。

他是个很健康的男人，最近他已憋了很久，这次又有个很好的理由原谅自己——我并不是真的这么好色，只不过为了要打听消息，就不能不姑且用一次"美男计"了。

他放下她的手时，心里已开始在幻想——夜深人静，两个人都已有了酒意……

谁知道这时，唐可卿忽然扬起手，一个耳光往他脸上掴了过来。

这一耳光当然并没有真的掴在他的脸上，陆小凤还是吃了一惊。

"你这是干什么？"

"我这是干什么？"唐可卿铁青着脸，冷笑道，"我正想问你，你这是干什么？你把我看成什么样的人？你以为自己有几个臭钱，就可以随便欺负女人？告诉你，我这里只卖酒，不卖别的。"

她愈说愈气，到后来居然跺脚大骂："滚，你给我滚出去，下趟若是再敢上我的门，看我不一棍子打断你两条狗腿。"

陆小凤被骂得怔住，心里却已明白，这地方为什么连鬼都不上门了。

原来这女人看来虽然是蜜糖，其实却是根辣椒，而且还有种奇怪的毛病，一种专门喜欢虐待男人的毛病，一定要看着男人受罪，她才高兴。

所以她总是站在门口，勾引过路的男人，等到男人上了她的钩时，她就可以把这男人放在手心，像蚊子一样捏得半死。

这地方受过她折磨、挨过她揍的男人，想必已不少，陆小凤还算是比较幸运，总算还能完完整整地走出去。

幸好外面没什么人，在这种滴水成冰的地方，谁也不会到街上来闲逛的。

陆小凤走进去的时候，活脱脱的是位好色的大亨，走出来的时候，却像是个呆子。

"女人……"他在心里叹着气呻吟，"这世界上为什么会有这么多要命的女人？"

他还没有来得及去想，这世界上若是没有女人会变成什么样子时，就听见一声惨叫。

惨叫声是从对面的草药店里传出的，是男人的声音。

陆小凤赶过去时，瘦瘦小小、冷冷淡淡的冷红儿正把一个大男人按在椅子上，一只手捏着他的肩上大筋，一只手拧转他的臂，冷冷地问道:"你究竟是什么地方扭了筋?什么地方错了骨?你说!"

这男人咬着牙,咧着嘴,道:"我……我没有。"

冷红儿道:"那么你来干什么?是不是想来捏捏我的筋,松松我的骨?"

这男人只有点头,既不能否认,也不敢否认。

冷红儿冷笑了一声,忽然一抬手,这个大男人就像是个小皮球一样被摔出了门,"吧嗒"一声跌在又冷又硬又滑的冰地上。

这次他真的被跌得扭了筋,错了骨,却只能回家去找老婆出气了。

陆小凤心里在苦笑,这次他实在分不清究竟是这个男人有毛病?还是这个女人有毛病?

冷红儿就站在他对面,冷冷地看着他,道:"你是不是也有病想来找我治治?"

陆小凤勉强笑了笑,回头就走。

"三十六计,走为上计。"他忽然发现这地方的女人都惹不得。

谁知道他不惹别人时,别人反而要来惹他。

冷红儿忽然挡住他的去路,道:"你究竟是来干什么的?为什么不说话?"

陆小凤苦笑道:"我为什么一定要说话?"

冷红儿咬着嘴唇,盯着他,道:"其实你不说我也知道,你心里一定认为我是个又冷又凶,又有毛病的女人。"

陆小凤道:"我没有这么想。"

这次他是在说谎,他心里的确是在这么想的。

冷红儿还在咬着嘴唇,盯着他,一双冷冰冰的眼睛里,忽然有两滴眼泪珍珠般滚了出来。

她这样的女人居然也会哭?陆小凤又吃了一惊:"你这是干什

么?"

冷红儿垂下头,流着泪道:"也没有什么,我……我只不过觉得很难受。"

陆小凤道:"难受?"

——你把别人揍得满地乱爬,你还难受?挨揍的人怎么办?

冷红儿当然听不见他心里想的话,又道:"你是从外地来的,你不知道这里的男人都是些什么样的人,他们看我一个人住在这里,总是想尽了办法,要来欺负我、侮辱我。"

她流泪的时候,看来就仿佛变得更娇小、更柔弱,那种凶狠冷淡的样子,连一点都没有了,的确就像是个受尽了委屈的小女孩。

她接着又道:"我若被他们欺负了一次,以后就永远没法子做人了,因为别人非但不会怪他们,反而会说我招蜂引蝶,所以我只好作出那种冷冷冰冰的样子,可是每当夜深人静的时候,我又……又……"

她没有说下去,也不必说下去。

夜深人静时,独守空房里,那种凄凄凉凉、孤孤单单的寂寞滋味,她不说陆小凤也明白。

他忽然觉得站在他面前的这个娇小柔弱的女孩子,非但不可怕,而且很可怜。

冷红儿悄悄地拭着眼泪,仿佛想勉强作出笑脸,道:"其实我们以前并没有见过面,我本不该在一个陌生人面前说这种话的。"

陆小凤立刻道:"没关系,我也有很多心事,有时候我也想找个陌生人说给他听听。"

冷红儿抬起头,仰视着他,喏嚅着问道:"你能不能说给我听?"

她脸上的泪痕还没有干,站在他面前,她显得更娇小柔弱。

陆小凤就算还想走,也走不成了。

——流着泪的邀请,岂非总是比带着笑的邀请更令人难以拒绝?

热气腾腾的酸菜白肉血肠火锅,温得恰到好处的竹叶青。

"这酒还是我以前从外地带来的,我一直舍不得喝。"

冷红儿脸上的泪痕已干了,正在摆桌子,布酒菜,看来就像是只忙碌的小麻雀。

"每天晚上,我都要一个人喝一点酒,我的酒量并不好,可是我喝醉了才能睡得着。"

然后她又向陆小凤坦白承认:"有时候就算喝醉了也一样睡不着,那种时候我就跑出去,坐在冰河上,等着天亮,有一次我甚至还看见一头熊,至少我以为它是一头熊,它身上长满又粗又硬的黑毛。"

她的酒量确实不好,两杯酒喝下去,脸上就泛起了红霞。

陆小凤看着她,心里在叹息,这么样一个女孩子,居然会一个人坐在冰河上看黑熊,这实在是件很凄惨的事。

恰巧就在他心里开始为她难受的时候,她的手恰巧正摆在他面前。

于是他就握住了她的手。

她的手娇小柔软,而且是火烫的。

屋子里温暖如春,桌上的瓶子里还插着几支腊梅,寒风在窗外呼啸,窗子紧紧关着。

她的心在跳,跳得很快。

陆小凤还没有弄清楚是怎么回事的时候,她已倒在他怀里,娇小柔软的身子,就像是一团火,嘴唇却是冰凉的,又凉,又香,又软。

直到很久以后,陆小凤还是弄不清这件事是怎么发生的。

"那天究竟发生了什么事?"后来有人问他。

"严格说来,并没有发生什么事。"陆小凤又不能不承认,"那倒并不是因为我很君子,而是因为……"

因为就在事情快要发生的时候，他们忽然听见了一阵掌声。

"在这种时候，居然有人为你们鼓掌？"后来听说这故事的人，总觉得很好笑："那一定是因为你们表现得很精彩。"

陆小凤也不能否认，这阵掌声的确让他们吓了一跳，事实上，他们两个人的确都跳了起来，把桌上的火锅都撞翻了。

"鼓掌的人是谁？"

"是个大混蛋，穿着红袍子，戴着绿帽子的大混蛋。"

李神童正站在门口，看着他们嘻嘻地笑："两位千万不要停下来，这么精彩的好戏，我已经有很多年没看过了，你们只要肯让我再多看一下子，我明天一定请你们吃糖。"

这些话里面并没有脏字，可是陆小凤这一生中却从来也没有听过这么令人恶心的话。

他几乎忍不住要冲过去，狠狠地给这半真半假的疯子一巴掌，他没有冲过去，只因为冷红儿已先冲了过去，这个娇小柔弱的女人忽然间又变成了一匹母狼，出手恶毒而凶狠。

陆小凤知道她会武功，却没有想到她的武功居然很不错，她的出手迅疾狠辣，在七十二路小擒拿手中，还带着分筋错骨的手法。李神童身上无论什么地方只要被她一把拿住，保证就立刻可以听见两种声音——骨头碎裂声，和杀猪般的惨叫。

但是李神童却连衣角都没有让她碰到。

他的画也许画得很差劲，衣服也穿得滑稽，但是他的武功却一点也不滑稽。

就连陆小凤都不能不承认，这人的武功无论走到什么地方去，都已可算是一流高手。

这样一个人，为什么会像个白痴般躲在自己姐姐裙子下面，被人牵住到处跑？为什么不自己去闯闯天下？

难道他姐姐的武功比他更厉害？

陆小凤抬起头，恰巧看见李神童的手从冷红儿胸膛上移开。

然后冷红儿就冲了出去，冲到门外后，门外就响起了她的痛哭声。

陆小凤只觉得一阵怒气上涌，双拳已紧紧握起，他决心要给这人一个好好的教训。

李神童居然还是在笑，摇着手笑道："你可不能过来，我知道我打不过你，我知道你是什么人。"

陆小凤沉着脸道："你知道？"

李神童笑道："你瞒得过别人，却瞒不过我，就算你再把胡子留多些也没用，我还是知道你是那个有四条眉毛的陆小凤。"

陆小凤停下了脚步，怔住。

他到这里来还不到两个时辰，只见了五个人，这五个人居然全都让他大吃一惊，这地方的人好像全不简单，他若想将罗刹牌带回去，看来还很不容易。

李神童笑得更愉快，又道："可是你只管放心，我绝不会揭穿这秘密的，因为我们本就是一条路上的人，我等你来已等了很久。"

陆小凤更奇怪："你知道我会来？"

李神童道："蓝胡子说过他一定会把你找来的，他说的话我一直很相信。"

陆小凤总算明白了，他也想起了蓝胡子说的话："就算你找不到，也有人带你去找……你一到那里，就有人会跟你联络的。"

李神童笑道："你一定想不到我会出卖我姐姐，替蓝胡子做奸细。"

陆小凤冷冷道："但是我也并不太奇怪，像你这种人，还有什么事做不出的？"

李神童居然叹了口气，道："等你见过我那宝贝姐姐，你就知道我为什么要做这种事了。"

陆小凤道："我要怎么样才能见到她？"

李神童道："只有一个法子。"

陆小凤道："什么法子？"

李神童道："赶快把你带来的那些箱子送去。"

陆小凤道："你也不知道她躲在哪里？"

李神童道："我也不知道。"

他叹息着，苦笑道："除了白花花的银子，和黄澄澄的金子外，她简直已六亲不认。"

陆小凤盯着他，足足盯了有一盏茶时分，忽然问道："你想不想挨揍？"

李神童当然不想。

陆小凤道："那么你就赶快把地上这些东西全都吃下去，只要被我发现你还剩下一块没有吃，我就要你后悔一辈子。"

火锅撞翻了，酸菜、白肉、血肠，倒得满地都是，很快就结成了一层白油。

李神童苦着脸弯下腰时，陆小凤就慢慢地走了出去，刚走出门，就听见他的呕吐声。

夜已很深了，辉煌的灯火已寥落，辉煌的市镇也已被寒冷黑暗笼罩。

冷风从冰河上吹过来，远方仿佛有狼群在呼号，凄凉惨厉的呼声，听得人心都冷透。

——冷红儿跑到哪里去了？是不是又坐在冰河上，等着黑熊走过？

——在她心目中,这只黑熊象征的是什么?是不是象征着人类那种最原始的欲望?

陆小凤觉得很难受,不仅是在为她难受,也在为自己难受。

——为什么人类总是要被自己的欲望折磨?

天长酒楼里的灯光从门缝里照出来,还带着一阵阵热乎乎的热气。

陆小凤却皱起了眉,他知道在里面等着他的,又是酸菜白肉血肠火锅,又是一个古怪的女孩子。

在这一瞬间,他恨不得也跑到冰河上去等着看那只黑熊。

也就在这一瞬间,他忽然看见一条人影从天长酒楼的屋子后面掠出,身形一闪就消失在黑暗中。

这种轻功身法,甚至已不在陆小凤之下,这种地方谁有这么高明的轻功?

陆小凤又皱起了眉,门已开了,一双带笑的眼睛在门缝里看着他,吃吃地笑道:"你总算还记得回来,我还以为你已死在那个女人的小肚子上了。"

07

热气腾腾的火锅,温得恰到好处的竹叶青,楚楚笑得很甜:"这酒还是我特地带来的……"

陆小凤几乎又忍不住要逃出去,同样的酒菜和女人,已经让他受不了,何况连她们说的话都一模一样。

下面她在说什么,他已连一个字都没有听见——乏味的酒菜、乏味的谈话、乏味的人……

他忽然跳起来，道："快叫人送去，快！"

楚楚怔了怔，道："快把什么东西送去？送到哪里去？"

陆小凤道："快把箱子送到银钩赌坊去。"

七八丈宽的屋子，已用木板隔成七八间。

最大的一间房里，摆着最大的一张床，铺着最厚的一床被。

陆小凤就躺在这张床上，盖着这张被，却还是冷得要命。

每个人都有情绪低落的时候，他也是人，在这种时候，他就会觉得自己总是会把所有的事都弄得一团糟，只恨不得先打自己三千八百个耳光，罚跪三百八十天，再买块豆腐来一头撞死。

外面有人在搬箱子，一面还打着呵欠，打着喷嚏。

三更半夜，把人从被窝里叫出来搬箱子，这种人生好像也没有多大意思，这些人为什么还不去死？

——为什么要去死？

——人活着，不但是种权利，也是种义务，谁都没有权毁灭别人，也同样无权毁灭自己。

陆小凤翻了个身，只想早点睡着，可惜睡眠就像是女人一样，你愈急着想她快点来，她却来得愈迟——人生中岂非有很多事都是这样子的？

忽然间，外面"哗啦啦"一阵响，接着又是一连串惊呼。

陆小凤跳起来，套上外衣，连鞋子都来不及穿，就赤着脚蹿出去。几个抬箱子的大汉正站在外面，看着一口箱子发呆。箱子已跌在地上，跌开了，里面的东西全都倒翻了出来，竟不是黄金，也不是银子，竟是一块块砖头。

陆小凤怔住。

今天晚上这已是他第六次怔住，这一次他不但吃惊，而且愤怒，因为他也同样有种被欺骗了的感觉，这种感觉当然不好受。

楚楚却完全面不改色，淡淡道："你们站在这里发什么呆？砖头又摔不疼，快装好送去。"

陆小凤冷冷道："送去？送到哪里？"

楚楚道："当然是送到银钩赌坊去。"

陆小凤冷笑道："你想用砖头去换人家的罗刹牌？你以为人家都是呆子？"

楚楚道："就因为那位陈姑娘一点都不呆，所以我才能把箱子就这么样送去，她若是识货的，看了这些箱子一定没话说。"

陆小凤道："别的箱子里装的也是砖头？"

楚楚道："完全一样的砖头，只不过……"

陆小凤道："不过怎么样？"

楚楚笑了笑，道："箱子里装的虽然是砖头，箱子却是用黄金打成的，我们带着这么多黄金走这么远的路，总不能不特别小心些。"

陆小凤说不出话了，他忽然发现这里唯一的呆子好像就是他自己。

剩下的几口箱子很快就被搬走，陆小凤还赤着脚站在那里发怔。

楚楚看着他，嫣然道："我知道你一直在生我的气，我知道。"

她知道陆小凤袍子下面是空的，她走过去，解开他的袍子，把自己的脸贴在他赤裸的胸膛上，用双手搂住了他的腰，耳语般轻轻说道："可是今天晚上，我绝不会再让你生气了，绝不会。"

陆小凤垂下头，看着她头顶的发髻，看了很久，忽然道："是什么事让你改变了主意？"

楚楚柔声道："我一向只做我高兴的事，以前我不高兴陪你，现在……"

陆小凤道："现在你高兴了？"

楚楚道："嗯。"

陆小凤笑了，忽然把她抱起来，抱回到她自己的屋里，用力将她抛在她自己的床上，扭头就走。

楚楚从床上跳起来，大喊："你这是什么意思？"

陆小凤头也不回，淡淡道："也没有别的意思，只不过告诉你，这种事是要两个人都高兴的时候做的，现在你虽然高兴，我却不高兴了。"

这天晚上陆小凤虽然还是一个人睡，却睡得很熟，他总算出了一口气，第二天醒来时，觉得胃口好极了，简直可以吞下一整条鲸鱼。

虽然已快到正午，楚楚却还躲在屋里，也不知是在睡觉，还是在生气。

银钩赌坊那边居然也一直没有消息。

陆小凤狼吞虎咽地吃下了他的早点兼午饭，这顿饭使他看来更容光焕发，精神抖擞，所以他又特地到厨房去，着实对那厨子夸奖了一番。

他心情愉快时，总是希望别人也能同样愉快。

临走时他还拍着那厨子的肩，笑道："你若到内地去开饭馆，我保证你一定发财，那些吃惯了煎小鱼的土蛋们，若是吃到你的大块烧羊肉，简直会高兴得爬上墙。"

厨子看着他走出去，目中充满感激，心里只希望他今天无论做什么事，都有好运气。

陆小凤也相信自己一定会有好运气的。

第七章

松花江下

01

灯笼虽然没有点着,银钩却还是不停地在风中摇晃。

陆小凤大步走入银钩赌坊,只觉得手里满把握着的都是好运气,几乎忍不住要停下来掷几手骰子。

他没有停下来,他不愿把这种好运气浪费在骰子上。

李神童远远地看见他走进来,就赶紧溜了,这个人今天看来好像显得有点面黄肌瘦,萎靡不振,昨天晚上说不定整夜都在泻肚子。

陆小凤微笑着走过去,走到那间门口写着"账房重地,闲人免进"的密室外,立刻有两条大汉迎上来挡住他的路。

一个人指着门上的木牌,沉着脸道:"你认不认得字?"

陆小凤微笑道:"字我倒也认得几个,但我却不是咸人,我很甜,甜得要命。"

这人怔了怔,还没有会过意来,陆小凤已从他面前走过去,他想伸手,忽然觉得腰眼上一麻,整个人都软了,连手指都抬不起。

陈静静果然在房里,李神童也在,看见陆小凤,两个人都勉强作出笑脸。

陆小凤也笑了笑,道:"早。"

陈静静嫣然道："现在已不早了。"

陆小凤道："你既然知道现在已不早了，为什么还不给我消息？"

陈静静轻轻咳嗽了两声，道："我们正想去请贾大爷今天晚上过来吃便饭。"

陆小凤道："我一向不吃便饭，我只吃整桌的酒席。"

陈静静勉强笑道："当然是整桌的酒席，到时候李大姐也一定会来的。"

陆小凤道："我现在既然已来了，现在就要吃。"

陈静静道："那怎么办呢？"

陆小凤道："办法很简单，你只要去告诉你那李大姐，说我已来了，假如她还不出来见我，我就先割掉她弟弟两只耳朵，一只鼻子。"

李神童脸色又变了，陈静静笑得更勉强，道："只可惜我们也不知道她在哪里，叫我们怎么去告诉她？"

陆小凤道："你们不知道她在哪里，我倒知道一点。"

陈静静道："哦？"

陆小凤道："这里本来有两个大水缸的，现在外面却已只剩下一个，还有一个到哪里去了？"

陈静静的脸色好像也有点改变。

陆小凤道："水缸在哪里，李霞就在哪里。"

陈静静道："这是什么意思？我不懂。"

陆小凤道："你应该懂的，除了疯子外，谁也不会卖了房子来做这么样两个大水缸，只为了要接雨水喝。"

陈静静同意这一点，她不能不同意。

陆小凤道："丁老大并不是疯子，他这么做当然另有目的。"

陈静静道："你说他有什么目的？"

陆小凤道："他跟李霞本是私奔到这里来的，生怕别人追来，就做了两个这么样的水缸,准备必要时好藏在水缸里。"

陈静静道:"水缸里能藏得住人?"

陆小凤道:"平时当然藏不住,可是你假如把水缸藏在冰河里,就是再好也没有的藏身之处了,谁也想不到冰河下面还有人的。"

陈静静还想笑,却已笑不出来,李神童却忍不住问道:"你知道那水缸在哪里?"

陆小凤点点头,用脚踩了踩地上铺着的木板,道:"就在这里。"

陈静静看着李神童,李神童看着陈静静,两个人还没有开口,木板下却已有人开口了。

一个低沉沙哑的女子声音冷冷道:"你既然知道我在下面,为什么还不下来?"

02

两丈多高的水缸,居然还隔成了两层,下面一层铺满了柔软的皮毛,正是个极舒服的床铺,从一道小小的梯子走到上面一层,就是饮食起居的地方了,里面居然有桌椅,四面都挂着厚厚的毛毡,还有个极精致的黄铜火炉。

陆小凤叹了口气,心里在幻想着,假如能和一个自己喜欢的女孩子到这里来住几天,那种日子一定过得像是在做梦。

一个长得还不算太难看的中年妇人,正坐在对面盯着他。

这女人头发梳得很亮、很整齐,一张四四方方的脸,颧骨很高,嘴唇很厚,毛孔很粗,表情很严肃,实在连一点好看的地方都没有。

别人会觉得她并不难看,也许只因为她的眼睛,她在盯住别人的时候,眼睛里就仿佛有一层淡淡的雨雾,你若没有看见过她,绝对想不到这么一双眼睛，会长在这么一个人脸上。

"我就是李霞。"她盯着陆小凤，"你当然就是贾乐山。"

陆小凤点点头。

李霞道："你知不知道别人都说你是条老狐狸？"

陆小凤道："我本来就是的。"

李霞道："可是你看来并不老。"

陆小凤道："因为我知道有个法子可以使男人保持年轻。"

李霞道："什么法子？"

陆小凤道："女人。"

李霞眼睛里仿佛也有了笑意，道："这法子听来好像很不错。"

陆小凤也在盯着她，微笑道："你看来也不老。"

李霞道："哦？"

陆小凤道："你是用什么法子保持年轻的？"

李霞沉下脸，冷笑道："你以为我用的是男人？"

陆小凤淡淡道："只要你不用我，随便你用什么都不关我的事。"

李霞又开始盯着他，眼睛露出种很奇怪的表情，忽然大声吩咐："来人，摆酒。"

陆小凤道："我不是来喝酒的。"

李霞道："但是你非喝不可。"

陆小凤道："为什么？"

李霞道："因为我要你喝，你要的东西，也正巧在我手里。"

陆小凤心里在叹息，鼻子里已嗅到一阵香气，又是酸菜白肉血肠火锅的香气。

热气腾腾的火锅，温得恰到好处的竹叶青。

李霞还没有开口，陆小凤已抢着道："这酒当然是你从外地带来的，而且一直都舍不得喝。"

他以为李霞一定会觉得很奇怪,他怎么能说出她心里的话。谁知李霞却摇摇头,道:"你错了,这酒是你那女人送来的,我所以没有喝,只因为我怕酒里有毒。"

陆小凤只有苦笑,每个人都有错的时候,他苦笑着道:"所以你要我先试试?"

李霞并不否认,陆小凤已举杯一饮而尽。

他天生就有种奇怪的本能,他的感觉远比大多数人都敏锐,酒里若有毒,只要酒一沾唇他就能感觉到,否则他只怕早就被毒死了几百次。

李霞用眼角瞟着他,忽又问道:"听说你那女人长得很不错,她叫什么名字?"

陆小凤道:"楚楚。"

李霞冷冷道:"你有了那么好看的女人,还要在外面东勾西搭,连别人的老婆都不肯放过?"

陆小凤笑了笑,道:"红儿和小唐好像已不是别人的老婆,我喜欢女人。"

李霞忽然也笑了笑,道:"现在我再也不是别人的老婆,我也是女人。"

陆小凤淡淡道:"只可惜我眼中看来,你只不过是个跟我做买卖的生意人而已。"

李霞道:"现在我们的买卖岂非已做完了?"

陆小凤道:"好像还没有,我虽然已付了钱,你却还没有交货。"

李霞道:"你放心,你要的东西,明天一早我就会交给你。"

陆小凤道:"为什么要等到明日早上?"

李霞也倒了杯酒,慢慢地喝下去,眼睛里又露出那种奇怪的表情,缓缓道:"我们都是大人了,用不着再像两个孩子一样玩把戏。"

陆小凤道:"我也不想玩把戏。"

李霞盯着他，道："这里的男人，都是又臭又脏的土驴，几个月也不洗一次澡，我看见就呕心，可是你……你……"

陆小凤道："我怎么样？"

李霞道："你不但长得比我想象中年轻得多，你的身体看来还这么结实，这么棒。"

她眼睛里的雨雾更浓，呼吸也忽然变得急促，道："我想要的是什么，你难道还不明白？"

陆小凤道："我一点也不明白。"

李霞咬了咬嘴，道："我也是个女人，女人都是少不了男人的，可是我……我却已有好几个月没男人了，我……"

她的呼吸更急促，忽然倒过来，用手握住了陆小凤的手。

她握得实在太用力，连指甲都刺入陆小凤肉里。

她的脸上已有汗珠，鼻翼扩张，不停地喘息，瞳孔也渐渐扩散，散发出一种水汪汪的温暖……

陆小凤没有动。

他看见过这种表情，那只有在某种特别兴奋的时候，一个女人脸上才会露出这种表情，但现在她却只不过握住了他的手而已。

在这一瞬间，他忽然明白她为什么跟丁老大私奔，为什么会嫁给蓝胡子。

她无疑是个性欲极旺盛的女人，又正在女人性欲最旺盛的年纪。

她长得虽不美，可是这种女人却通常都有种奇异而邪恶的吸引力，尤其是那厚而多肉的嘴唇，总能让男人联想起某种原始的罪恶。

陆小凤没有动。

但是连他自己也不能否认，他的心又开始动了。

他的喉结在上下滚动，嘴忽然发干，他想走，李霞却已倒在他身上，压在他身上，像章鱼般紧紧缠住了他。

就连陆小凤都没有遇见过需要得这么强烈的女人,他几乎已透不过气来,她的手忽然已伸入,用力握住了他……

忽然间,"砰"的一声响,上面的木板被掀开,一个人在嘶声呼喊:"让我进去,我要进去,谁敢拦住我,我就杀了谁。"

陆小凤一惊,李霞坐起,还在不停地喘息。一个女人从上面跳下来,圆圆的脸已因愤怒而扭曲,笑眯眯的眼睛却瞪得很圆,在这一瞬间,陆小凤几乎已认不出她就是那站在"太白遗风"木板招牌下,想勾引男人上她砧板宰割的唐可卿。

"是你……"李霞跳了起来,怒道,"你到这里来干什么,快滚出去!"

唐可卿狠狠地瞪着她,冷笑道:"我偏不管,这地方我为什么不能来?你不许我碰男人,自己为什么要在这里偷汉子?"

李霞更愤怒,厉声道:"你管不着,无论我干什么你都管不着。"

唐可卿也叫起来:"谁说我管不着?你是我的,我不许男人碰你。"

李霞忽然冲过去,一掌重重地掴在唐可卿脸上,她脸上立刻多出几条紫痕,她忽然也扑上来,缠住了李霞,就像李霞刚才缠住陆小凤一样。

"我要你,你打死我,我也要你。"李霞的拳头雨点般打在她身上,她却还是死缠住不放,"我也跟男人一样好,你知道的,你为什么……"

陆小凤不想再听下去,更不想再看下去,这件事只让他觉得又可悲,又可笑,又呕心。

他已悄悄溜走,他心里已明白,唐可卿为什么要憎恨男人,折磨男人了。

想到他自己居然还曾经拉过她的手,他简直忍不住要吐。

03

夜色忽然已降临。

陆小凤甚至不知道天是什么时候开始黑的,也没有回到天长酒楼去,只是在街上的酒店里,买了一大坛酒,一个人坐在这里来喝。

他心里充满了悲哀和沮丧,情绪甚至比昨夜更低落,因为他虽然知道人生中本就有黑暗丑陋的一面,但是他一向不愿看到。

这里是个没有人住的小木屋,是在江岸旁,木屋里的人,想必已迁到那冰河上的市镇去了,木屋的门都几乎已被冰雪堵塞。

冷风从窗缝中吹进来,从木板的空隙吹进来,冷如刀锋。

可是他不在乎。

他只希望李霞真的能遵守诺言,明天一早就把罗刹牌交给他,他拿了就走。

刚来的时候,他也曾觉得这地方是辉煌而美丽的,到处都充满了新奇的刺激。

现在他却只想赶快走,愈快愈好。

破旧的木板桌上,还摆着盏油灯,灯中仿佛还剩着点油。

可是他并不想点灯,甚至连自己都不知道,这两天他为什么会变得如此消沉,他甚至又想去找孤松拼一拼。

奇怪的是,一到了这里,岁寒三友就好像忽然从地面上消失了。

远远望过去,冰上的市镇仍然灯火辉煌,这里的天黑得早,现在时候想必还不太晚,距离明天早上,时候还很长。

这漫漫的长夜要如何打发?

陆小凤捧起酒坛,又放下,他忽然听见外面的冰雪上,传来一阵很轻的脚步声。

此时此刻,还有谁会到这种地方来?

忽然间,窗子被撞开,一个人跳进来——门已被封死,陆小凤也是从窗子里跳进来的。

雪光反映,依稀可以分辨出,这人身上披着件又长又大的风氅,手里还捧着一大包东西,"砰"地放在桌上,用冷得直发抖的手,从包袱里拿出个火折子,点着了桌上的油灯。

然后她才回过头,面对着陆小凤,微笑道:"我果然没有猜错,你果然在这里。"

她的脸冻得发白,鼻子冻得红红的,笑容却如春花般温柔美丽,竟是陈静静。

陆小凤并没有吃惊,却忍不住要问:"你怎么会猜到我在这里?"

陈静静嫣然道:"我看见你捧着一大坛酒往这边走,附近又只有这么一个可以避风的地方,我虽然不聪明,却也不太笨。"

陆小凤道:"你是特地来找我的?"

陈静静道:"嗯。"

陆小凤道:"找我干什么?"

陈静静指着桌上的包袱,道:"替你送下酒的菜来。"

她微笑着打开包袱,又道:"你总是我们的客人,我总不能让你饿着肚子的。"

陆小凤冷冷地看着她,道:"你不该来的。"

陈静静道:"为什么不该来?"

陆小凤道:"因为我是个色鬼,你难道不怕我……"

陈静静没有让他说下去,微笑道:"假如我怕,我为什么要来?"

这句话如果是丁香姨说出来的,一定会充满了挑逗性,如果是楚楚说出来，就会变得像是在挑战。

但是她的态度却很平静，因为她只不过是在叙说一件事而已。

——我知道你是个君子，所以我来了，我也知道你一定会像个君子般对我的。

这件事岂非本来就应该像是"二加二等于四"那么样简单明显？

在正常情况下，一个女人用这种态度来对付男人，的确可以算是最聪明的法子，只可惜陆小凤现在的情况并不正常。

现在他不但情绪沮丧到极点，不但气楚楚，气李霞，气唐可卿，更气自己，只觉得自己这两天做的每件事都该打三百大板，事实上，这几天他全身上下都好像不对劲。

陈静静又道："我特地替你带了风鸡和腊肉来，你总该吃一点。"

陆小凤盯着她，缓缓道："我只想吃一样东西。"

陈静静道："你想吃什么？"

陆小凤道："吃你。"

没有反抗，没有逃避，甚至连推拒都没有，这件事无论怎么样发展，她都好像已准备接受了。

她的反应虽不太热情，却很正常——一个女人在正常的情况下，接受了她的男人，事情好像本来就应该是这么样简单而自然的。

现在他们的激动已平息，她慢慢地站起来整理好自己，忽又回过头向陆小凤笑了笑，柔声道："现在你想吃什么？"

陆小凤也笑了："现在我什么都想吃，就算你带了一整条牛来，我也可以吞下去。"

两个人微笑着互相凝视，一件本来应该令人悔恨憎恶的事，忽然变得充满了欢愉。

陆小凤看着她，除了这种和平安详的欢愉外，心里还充满感激！

所有不对劲的事,都已像是阳光下的冰雪般融化消失了,他忽然觉得全身上下都很对劲——一个女人在男人身上造成的变化,往往就像是奇迹。

陈静静眼睛里闪动着那种光芒,也是快乐而奇妙的:"现在我总算明白了一件事。"

陆小凤道:"什么事?"

陈静静道:"无论多好的菜,里面假如没有放盐,都一定会变得很难吃。"

陆小凤微笑道:"一定难吃得要命。"

陈静静道:"男人也一样。"

陆小凤不懂:"男人怎么也一样?"

陈静静嫣然道:"无论多好的男人,假如没有女人,也一定会变坏的,而且坏得要命。"

她脸上还带着那种令人心跳的红晕,笑容看来就仿佛初夏的晚霞。

陆小凤的心又在跳,又想去拉她的手。

这一次陈静静却轻轻地躲开了,忽然正色道:"我本来是想来告诉你一件事的。"

陆小凤道:"你刚才为什么不说?"

陈静静道:"因为我看得出你情绪不太好,我不敢说。"

陆小凤道:"现在你是不是已经可以说了?"

陈静静慢慢地点了点头,她当然也看得出他的情绪现在已经很稳定:"我只希望你听了这件事之后,不要太着急。"

陆小凤道:"我不会着急,你快说。"

他嘴里虽然说不着急,其实心里已经在着急。

陈静静终于叹息道:"小唐死了,是死在李霞手里的。"

陆小凤皱眉道:"李霞杀了她?为什么?"

陈静静道:"不知道。"

陆小凤道:"你没有问她?"

陈静静道:"我没有问,因为李霞已不见了,这次是真的不见了,我们找了很久,连影子都没有找到。"

她的话还没有说完,陆小凤已跳起来!

陈静静道:"我就知道你听了这件事,一定会跳起来,因为除了她自己外,谁也不知道她把罗刹牌藏在哪里。"

陆小凤又跳起来,跳得更高。

陈静静道:"那十二口箱子,也是她自己派人送走的,别人也不知道送到什么地方去了。"

陆小凤大叫道:"这种事你为什么等到现在才告诉我?"

陈静静苦笑道:"我现在才告诉你,你已经跳得有八丈高,假如刚才告诉你,你不一拳打扁我的鼻子才怪。"

陆小凤坐下来,既不再跳,也不再叫。

陈静静道:"就是因为我,你才肯把箱子先交给她的。"

陆小凤道:"嗯。"

陈静静道:"现在你的箱子没有了,她的人也不见了,你说我该怎么办呢?"

陆小凤冷冷道:"你已经想出个很好的法子,堵住了我的嘴。"

陈静静垂下头,看着自己的脚尖,轻轻道:"你若认为我这么样对你,只不过是为了要堵住你的嘴,你就错了,假如我怕你找我算账,我也一样可以逃走。"她的眼圈发红,泪已将落。

陆小凤心又软了,忽然站起来,道:"你放心,她走不了的。"

陈静静道:"你有把握能找到她?"

陆小凤道:"我上次既然能找到她,这次就一样能找到。"

他嘴里虽然这么样说,其实心里连一点把握都没有。

04

  他只不过是在安慰她。
  ——假如你跟一个女人有了某种不寻常的关系，就算她做错了事，你也只有原谅她，还得想法子安慰她，就算她对不起你，你也只有认了。
  ——假如你始终跟一个女人保持着某种距离，她也不会着急的，着急的也是你。
  "男人为什么总有这么多苦恼？"陆小凤在心里叹息着，"我为什么不能学学老实和尚，也剃光了头去做和尚？"

  "她杀了唐可卿之后，心里也难免有点害怕，所以才会逃走。"
  "嗯。"
  "你当时也在银钩赌坊，你有看见她是往什么方向走的？"
  "我没有。"陈静静道，"我听到唐可卿的惨呼声，赶到下面去时，她已经不见了。"
  "别的人也没有看见她？"
  陈静静摇摇头，道："这地方只要天一黑，大家就全都躲到屋里去了，何况今天晚上又特别冷，那时候又刚好是吃饭的时候。"
  陆小凤沉吟着，道："但我却知道一个人，不管天气多冷，他还是会在外面瞎逛的。"
  陈静静道："你说的是谁？"
  陆小凤道："老山羊。"
  陈静静道："就是住在大水缸里的那个老怪物？"

陆小凤点点头，道："你也看见过那个大水缸？"

陈静静道："刚才我来的时候，还看见那边有火光，就好像房子着了火。"

陆小凤皱眉道："但是那边并没有别的房子，那水缸又烧不着。"

陈静静道："所以我也想不通那是怎么回事。"

陆小凤道："所以我们现在就应该赶紧去看看。"

天气实在很冷，风吹在身上，隔着皮袄都能刺到你骨头里去。

他们还没有看见那大水缸，就嗅到了风中传来一阵阵烈酒的香气。

陆小凤的鼻子已经快冻僵了，还是嗅到了这阵酒香，立刻皱起了眉，道："不好。"

陈静静道："什么事不好？"

陆小凤道："不管什么样的酒，若是已装到肚子里，香气都不会传得这么远的。"

陈静静道："假如把酒点着了烧起来，香气是不是就会传得很远？"

陆小凤点点头，道："但是老山羊却绝不会把酒点着的，他的酒通常都是装进了肚子。"

陈静静也皱了皱眉，道："难道你认为有人要用酒点火来烧他的水缸？"

陆小凤道："就算水缸烧不着，却可以把他的人烧死。"

陈静静道："谁想烧死他？为什么要烧死他？"

陆小凤道："因为他知道的秘密太多了。"

一个人肚子里的秘密若是装得太多，就像是干柴上又浇了油一样，总是容易引火上身的。

现在火已灭了。

他们赶到大水缸的时候，只看见水缸已被熏得发黑，四面都堆着很高的木柴，木柴也已被烧焦。

风中还留着酒香，这么高的柴堆，再浇上酒，火势一定不小，别说水缸里只有一个老山羊，就算有七八十条大水牛，也一定全都被烤熟。

陈静静道："酒香既然还没有散，火头一定也刚灭了没多久。"

陆小凤道："我进去看看，你在外面等着。"

他跃身一纵而上，忽然又跳下来。

陈静静道："你为什么不进去？"

陆小凤道："我进不去。"

陈静静道："为什么？"

陆小凤道："因为里面结满了冰。"

陈静静道："这地方就算热水一拿出来，也立刻就会结冰，谁也没法子在这么大的缸里倒满一缸水，里面又怎么会结满了冰？"

陆小凤道："天知道……"

一句话还没有说完，突听"啵"的一响，水缸裂开了一条大缝。

接着又是"啵"的一响，又是一条缝裂开来，这加工精制的特大水缸，转眼间就已四分五裂，比桌面还大的碎片，一片片落下，跌得粉碎！

水缸碎了，里面的冰却没有碎，在淡淡的星光下看来，就像是一座冰山般矗立着，透明的冰山里仿佛还有图画。

陆小凤道："你好像带着火折子？"

陈静静道："嗯。"

她把火折子交给了他，他拾起一段枯枝，点着，火光亮起，他们两个人的心都沉了下去，陈静静几乎连站都站不住了。

就连陆小凤这一生中，都从未见过这么诡异可怕的事。

闪耀的火光下,透明的冰山看来又像是一大块白玉水晶,光彩流动不息,说不出的奇幻瑰丽。

在这流动不息的奇丽光彩中,却有两个人一动也不动地凌空悬立着。

两个赤裸裸的人,一个人的头在上,一个人的脚在上,一个人干瘪枯瘦,正是老山羊,另一个人的乳房硕大,大腿丰满,赫然竟是李霞,两个人四只眼睛都已凸出来,一上一下,瞪着陈静静和陆小凤。

陈静静终于惊呼出声,人也晕过去了,等她醒来时,她已回到银钩赌坊,回到了她自己的卧室里。

屋子里布置得清雅而别致,每一样东西看来都是精心挑选的,正好摆在最恰当的地方,只有铺在椅子上那张又大又厚的熊皮,看来比较刺眼,可是等你坐上去之后,你就不会再多加挑剔了。

陆小凤此刻就坐在上面,他从来没有坐过这么温暖舒服的椅子,这张又大又厚的熊皮,温暖得就像是夏日阳光下的海浪一样。

陈静静已醒了很久,他却好像快睡着了,一直都没有抬头。

炉火烧得正旺,灯也点得很亮,刚才发生的那件事,已远得如同童年的噩梦。陈静静轻轻叹了口气,苦笑道:"幸亏我晕过去了,若是再多看他们两个人一眼,说不定会被吓死的。"

陆小凤没有开口,也没有反应。

陈静静看着他,又道:"你在想心事?想什么?"

陆小凤终于缓缓道:"缸里没有水,就不会结满冰,既然谁也没法子把水倒进去,那一满缸水是哪里来的?"

陈静静道:"现在你已想通了?"

陆小凤并没有直接回答这句话,又问道:"昨天我去的时候,那边河床上还堆着很多积雪,今天却已看不见,这些积雪到哪里去了?"

陈静静眼珠子转了转,道:"是不是到水缸里去了?"

陆小凤点点头,道:"你若在水缸外面生起火,缸里的积雪是不是就会融成水?"

陈静静眼睛里发出了光,道:"外面的火一灭,缸里的水就很快又会结成冰。"

陆小凤道:"水还没有结冰的时候,李霞和老山羊就已经被人抛进去了。"

陈静静咬着嘴唇,道:"她杀了小唐之后,就去找老山羊,因为他们本就是老朋友,而且……"

——而且老山羊年纪虽大,身体却很强壮,李霞又正在需要男人的时候。

这些话她并没有说出来,也不忍说出来,但是她却也知道陆小凤必定能了解。

陆小凤果然叹了口气,道:"也许他们就是在那时候被人杀了的。"

陈静静道:"是谁杀了他们的?为的是什么?"

陆小凤道:"我想不出这个人是谁,但我却知道他为的一定也是罗刹牌。"

陈静静道:"可是他杀了李霞,罗刹牌也未必能到他的手。"

陆小凤苦笑道:"就算他自己到不了手,也不愿让我到手。"

陈静静也叹了口气,道:"我还是想不通,他杀了李霞后,为什么还要费那么多事,把积雪融成水,再把李霞冻在冰里?"

陆小凤道:"也许他本想要挟李霞,要她在水还没有结冰之前,把罗刹牌交出来。"

陈静静道:"可是李霞并不笨,当然知道自己就算交出了罗刹牌,也还是死路一条,所以……"

陆小凤道:"所以现在罗刹牌一定还藏在原来的地方。"

陈静静叹道:"只可惜李霞已经死了,这秘密又没有别人知道。"

陆小凤站起来,面对炉火,沉默了很久,才缓缓道:"我有个朋友,曾经告诉过我,这地方只有两个人可靠,一个是老山羊,另外一个就是你。"

陈静静显得很惊讶,道:"你这朋友是谁?他认得我?"

陆小凤道:"她也是你的朋友,而且还是跟你从小在一起长大的。"

陈静静吃惊得张大眼睛,道:"你说的是丁香姨,你怎么认得她的?"

陆小凤苦笑道:"我只希望你知道她是我的朋友,别的事你最好不要问得太多。"

陈静静凝视着他,终于慢慢地点了点头,道:"我明白你的意思,我也希望你知道,她的朋友就是我的朋友。"

陆小凤道:"所以你绝不会欺骗我?"

陈静静道:"绝不会。"

陆小凤道:"假如你知道罗刹牌藏在哪里,就一定会告诉我?"

陈静静道:"可是我真的不知道。"

陆小凤又长长叹了口气,道:"所以李霞本不该死的,更不该死得这么惨,我总认为只有疯子才能想出这种法子来杀人,这地方却只有半个疯子。"

陈静静道:"谁?"

陆小凤道:"李神童。"

陈静静更吃惊,道:"你认为他对自己嫡亲的姐姐也能下得了毒手?"

陆小凤还没有回答,外面忽然有人闯了进来,拍着手笑道:"她总算答应嫁给我了，我总算有了个老婆，你们快来喝我的喜酒。"

这个人当然就是李神童。

他身上还是穿着那件大红袍，头上还是戴着那顶大绿帽，脸上居然还抹了层胭脂，看起来比以前更疯，却不知道是真疯？还是假疯？

陈静静忍不住问道："是谁答应嫁给你了？"

李神童道："当然是我的新娘子。"

陈静静道："你的新娘子在哪里？"

李神童道："当然在洞房里。"

"今天我洞房里，大家喜洋洋，新娘真漂亮，我真爱新娘……"

他疯疯癫癫地拍手高歌着，又冲了出去。

陈静静忍不住问陆小凤："你想不想去看看他的新娘？"

陆小凤道："想。"

李神童自己当然也有间卧房，房里居然真的燃起了一对红烛，床上居然真的有个身上穿着红裙，脸上还蒙着红巾的新娘子。

她斜倚在床头，李神童就站在她身旁，不停地笑，不停地唱，唱得真难听。

陈静静皱眉道："我们不是来听你唱歌的，你能不能闭上嘴？"

李神童嘻嘻地直笑，道："可是我的新娘子真是漂亮，你想不想看看她？"

陈静静道："想。"

李神童立刻伸手去掀那块红巾，忽又缩回手，喃喃道："我总得先问问她，看她是不是肯见你们。"

他果然俯下身，附在新娘子的耳边，咕咕嘀嘀说了几句话。

新娘子好像根本没有开口，甚至连一点反应都没有，李神童却又跳起来，笑道："她答应了，还要你们敬她一杯酒。"于是他又伸出手，这一次总算真的把新娘子脸上的红巾掀了起来。

陆小凤和陈静静的心又沉了下去,全身上下立刻冰冷僵硬,甚至比刚才看到冰中的那两个死人时更呕心、更吃惊。

新娘子的脸上也涂着一层厚厚的胭脂,可是一双眼睛却已凸了出来。

这新娘子竟赫然是个死人!

"小唐!"陈静静忍不住失声惊呼,"唐可卿!"

李神童居然还是笑得很开心,正捧着四杯酒,笑嘻嘻地走过来,给了陈静静一杯:"你一杯,我一杯,他一杯,新娘子也有一杯。"

陆小凤和陈静静只好接过他的酒,两个人心里都很难受。

这个人看来好像是真的疯了。

李神童已走到床头坐下,把一杯酒交给他的新娘子,笑道:"我们一起喝一杯甜甜蜜蜜的酒,喝完了我就把他们赶出去。"

新娘子当然没有伸手来接他的酒,他就瞪起眼,道:"你为什么不肯喝,难道你又改变了主意,不肯嫁给我了?"

陈静静实在不忍看下去,她生怕自己会哭出来,更怕自己会吐出来,忍不住大声道:"你难道看不出她已经死了,你为什么还要……"

李神童忽然跳起来,嘶声道:"谁说她已经死了,谁说的?"

陈静静道:"是我说的。"

李神童狠狠地盯着她,厉声道:"你为什么要说这种话?"

陈静静道:"因为她的确已经死了,你若真的喜欢她,就应该让她好好安息。"

李神童忽然冲过去,道:"她没有死,她是我的新娘子,她不能死。"

他用力揪住陈静静的衣襟,拼命地摇晃,陈静静脸已吓得发青,忍不住重重给了他一个耳刮子。

一声清脆的掌声响过,哭声,叫声,立刻全都停止,屋子里忽然变得坟墓般静寂。李神童痴痴地站在那里，一双直勾勾的眼睛里，忽然有两滴眼泪流下，慢慢地流过他涂满胭脂的脸。

眼泪混合了胭脂，红得就像是鲜血。

他的眼睛还是直勾勾地瞪着陈静静，眼神既悲哀，又疯狂。

陈静静情不自禁地向后退，退了两步，又情不自禁打了个寒噤。

李神童缓缓道："不错，她是死了，我还记得是谁杀了她的。"

陈静静道："是……是谁？"

李神童道："是你，就是你！我亲眼看见你用一只袜子勒死她的。"

他忽然回头冲过去，掀开了唐可卿的衣领，露出她颈上一条紫痕："你看看，这就是你做的好事，你赖也赖不了的。"

陈静静又气又急，全身不停地发抖："你疯了，真的疯了，幸好谁也不会相信你这疯子的话。"

李神童已不再理她，忽又扑倒在唐可卿身上，放声大哭，道："你知不知道我为什么一直跟着我姐姐？因为我一直都在偷偷地爱着你，一直都在等你嫁给我，我虽然没有钱，可是蓝胡子已经答应给我三万两银子，为了这三万两银子，我连姐姐都不要了，可是你……你为什么要死？"

陆小凤悄悄地走了出去，只要在这里多停留片刻，他很可能也会发疯。

——一个人的确不能太爱一个人，若是爱得太深，通常总是悲剧。

——人生中为什么要有这么多悲剧？

外面又黑又冷，陆小凤走出来，深深地吸了口气，忽然弯下腰不停地呕吐。

05

夜已很深了。

陆小凤已经一个人在街上走了大半个时辰，一盏盏明亮的灯光，一盏盏地灭了，一点点闪烁的寒星，一点点地消沉。

他也不知道走了多远，也不知道是什么时候停下来的，等他抬起头时，才发现又走到了冷红儿草药店的门口。

门里居然还有灯光漏出，他又在门外发了半天怔，暗暗地问自己："我是不是早就想来找她了？否则我为什么会恰巧停在她门口？"

这问题连他自己也无法回答。

一个人内心深处，往往会有些秘密是自己都不知道的——也许并不是真的不知道，只不过不敢去把它发掘出来而已。

"不管怎么样，我已来了。"

他已在敲门。

门是虚掩着的，他轻轻一推，门就开了，屋里点着灯，却看不见人。

人呢？

陆小凤心里忽然有了种不祥的预兆，立刻进去，前面的厅堂里没有人，后面的卧室里没有人，厨房里也没有人。

厨房后面的一道小门也是虚掩着的，被风吹得哗啦哗啦地直响。

冷红儿是不是又睡不着，又从这道小门溜了出去，等着看那只黑熊去了？

神秘的寒夜，神秘的冰河，忽然出现，又忽然消失的黑熊。

无边无际的黑暗中，仿佛到处都充满了这种不可预测的神秘和恐惧。

陆小凤踏着大步，迎风而行，今夜他还会遇见什么事？他虽然无法预测，可是他已决心要找到冷红儿，他绝不会让冷红儿也消失在这神秘的黑暗中。

冷红儿在哪里？黑熊在哪里？

他完全不知道，远方还有几颗寒星，他就向星光走过去。

星光闪烁，他忽然听见了一声惨叫，呼声来自星光下，尖锐而惨厉，竟是女人的声音。

他立刻用最快的速度赶过去，星光照着河水，闪亮如银的冰河上，赫然有一摊鲜红的血迹。

血迹淋漓，一点点、一条条从冰河上拖过去，沿着血迹再走二三十步，就可以看见冷红儿动也不动地蜷曲在那里。

她的身子完全冰冷僵硬，脸上一片血肉模糊，还带着五条爪痕，这致命的伤口，竟是一只力大无穷的手爪抓出来的。

她毕竟又看见了那只熊，对她说来，这一次，黑熊象征的已不再是欲望，而是死亡。

奇怪的是，那饥饿的野兽为什么留下了她的尸体血肉，连碰都没有碰？

她身上并没有齿痕，显然并不是被黑熊拖过来的，而是自己爬过来的——她为什么还要挣扎着，用尽她最后一分力气来爬这段路？

她身子蜷曲，一双手却笔直地伸在前面，手指已刺入坚冰里，仿佛在挖掘——这冰河下难道也有什么秘密？

她想挖掘的究竟是什么？

最后的几颗寒星，忽然消失了，大地冰河，都已被黑暗笼罩。

这正是一天中最黑暗的时候，可是陆小凤抬起头来时，眼睛里却在发着光，就仿佛光明已在望。

第八章

再见冰河

01

一天中最黑暗的时候,也正是最接近光明的时候。

人也一样。

只要你把这段艰苦黑暗的时光挨过去,你的生命立刻就会充满了光明和希望。

第一线阳光冲破黑暗照下来的时候,正照在陆小凤身上。

阳光温柔如情人的眼波,楚楚和陈静静的眼波,也同样温柔地停留在他身上,只不过她们眼睛里还多了点忧虑和迷惑。她们想不通陆小凤为什么一大早就把她们找到这里来。

阳光下的冰河,看来更辉煌壮观,冷红儿的尸体已被搬走,连血迹都看不见了,但是她们却都已看见过,而且很难忘记。

陈静静一直靠在陆小凤身旁,脸色还是苍白的,直到这时才吐出口气,喃喃道:"我早就听说过这里有熊,却想不到它们竟这么凶!"

陆小凤道:"你看得出她是死在熊爪下的?"

陈静静道:"只有最凶狠的野兽,才会有这么大的力气,野兽中又只有熊才能像人一样站起来,用前掌扑人!"

陆小凤道:"有理!"

陈静静黯然道:"若不是你恰巧赶来,现在她只怕已尸骨无存了,我们四个人只有我跟她最谈得来,我……"

她声音哽咽,眼圈红了,忽然靠在陆小凤肩头,轻轻啜泣。

陆小凤情不自禁搂着她的腰,一个男人和女人之间,若是有了某种特别亲密的关系,就像是灰尘到了阳光下,再也瞒不过别人的眼睛。

楚楚瞪着他们,忽然冷笑,道:"我到这里来,并不是来看你们做戏的,再见!"

她说走就走,直等她已走出很远,陆小凤才淡淡道:"你想看什么?想不想看看那罗刹牌?"

这句话就像是条打着活结的绳子,一下子就套住了楚楚的脚。

"罗刹牌?你已找到了罗刹牌?在哪里?"

陆小凤道:"就在这里!"

这里就是他发现冷红儿的地方,也就是冷红儿用双手在坚冰上挖掘的地方。

冰结十丈,坚如钢铁,莫说她的手挖不下去,就连铁锹和铲也休想动得了分毫。

楚楚道:"你是说就在这冰河下面?"

陆小凤道:"而且就在这方圆一丈之内!"

楚楚道:"你的眼睛能透视?能看到冰河里面去?"

这里离开河岸已很近,冰的颜色却好像比别处还要深暗些,凡人的肉眼,当然无法透视,但却可以看见一段枯枝露在河面上,想必是开始封江时候岸上倒下来的,枯枝也不知道被谁削平了,树干却还有一小半露在河面外,就像是一条优良的板凳,恰巧正面对着积雪的远山和岸上一栋庙宇。

陆小凤道:"我虽然看不到里面,但我却可以感觉到!"

楚楚冷笑道："这反正死无对证，就算罗刹牌真的在下面，你也挖不出来！"

陆小凤笑了笑，道："我很小的时候就听过两句很有用的话！"

楚楚冷冷道："只可惜无论多有用的话，也说不动这冰河解冻！"

陆小凤不理她，自顾接着道："第一句话是'天下无难事，只怕有心人'，第二句话是'工欲善其事，必先利其器'，你当然也应该懂得这两句话的意思！"

楚楚道："我偏不懂！"

陆小凤道："这意思就是说，只要有坚强的决心和有效的利器，天下绝没有做不到的事！"

楚楚道："只可惜你的决心我看不见，你的利器我也没有看见！"

陆小凤又笑了笑，道："你总会看见的。"

楚楚就站在旁边看着。

谁也想不到陆小凤的利器竟只不过是十来根竹竿和一个小瓶子。

楚楚笑了："这就是你的利器？"

陆小凤好像根本没听见她在说什么，脸上的表情忽然变得很严肃，小心翼翼地拔开瓶塞，把瓶子里装着的东西倒了一滴下来，淡黄色的液体滴在河上，立刻发出"嗤"的一声，一股青烟冒出来，钢铁般的坚冰，立刻就穿了一个洞。

青烟还没有完全消散，他已将一根竹竿插了下去，只见他一只手拿着瓶子，一只手拿着竹竿，全部都插入这一丈方圆的河里，围成了一个圆圈。

竹竿里还有两根三尺长的引线，他燃起一根香，身形展动，又在顷刻之间将这十来根引线一起点着，忽然喝道："退！快往后退！"

三个人倒退出五丈，就听见"轰"的一声大震，千万点碎冰飞激而起，夹带着枯树的碎片，花雨般滚落河面，只听铮铮之声不绝，如琴弦轮拨，如珠落玉盘，就在这时，又有一样黑黝黝的东西被震得从冰河下飞了起来，随着碎木冰块一起落下，"铛"的一声，落在河面上，竟是个纯钢打成的圆筒。

掀开这圆筒的盖子，就有块晶莹的玉牌滑出来，果然正是罗刹牌。

楚楚已看得呆在那里，陈静静也不禁目瞪口呆，冰屑打在她们身上，她们也忘了疼痛。

陆小凤长长吐出口气，微笑道："这就是我的利器，你看怎么样？"

楚楚勉强笑了笑，道："这种奇奇怪怪的法子，恐怕也只有你想得出来。"

陆小凤道："若没有江南霹雳堂的火药，法子再好也没有用。"

楚楚道："你怎么会有江南霹雳堂的火药？"

陆小凤道："我是偷来的！"

楚楚道："从哪里偷来的？"

陆小凤道："从水缸里！"

楚楚道："谁的水缸？"

陆小凤道："李霞的！"

发现冷红儿的尸体后，他就已怀疑罗刹牌是藏在这里的，只不过还没有十分把握而已。

陆小凤又道："等我在李霞的水缸里找到这些东西后，我就知道我没有猜错了，因为她做事一向很谨慎，无论做什么事都一定会准备好退路，假如她敢把罗刹牌藏在冰河里，就一定有法子拿出来的！"

这种极烈性的溶剂和极强力的火药，既然可以开山，当然也可以开河。

陆小凤又道："她既然准备了这种开河的利器，就当然一定已经把罗刹牌藏在冰河里，这道理简直就像是'一加一等于二'那么简单！"

其实这道理并不简单，他的结论是经过反复推证后才得到的。

楚楚忽然叹了口气，道："我本来还想骂你几句的，可是我心里实在有点佩服你！"

陆小凤笑道："其实我心里也很佩服我自己。"

楚楚眼珠子转了转，道："不过你本事还不算太大，假如你能把害死李霞的那个凶手找出来，才真的了不起。"

陆小凤笑了笑道："我既不想别人说我了不起，也不是替别人找凶手的，我要找的只是罗刹牌！"

陈静静凝视着他，忽然道："现在你既然已经找到了，是不是就已该走了？"

这两句话她轻轻地说出来，却又带着说不出的幽怨和伤感。

陆小凤又不禁叹息，缓缓道："也许我早就该走了的。"

陈静静勉强笑了笑，道："不管怎么样，我总算是这里的主人，今天中午，我替你们饯行，你们一定要赏光！"

楚楚抢先道："他一定会去的，我一定不会去。"

陈静静道："为什么？"

楚楚道："因为你的酒菜里面一定还有很多醋，醋若吃得太多，我就会胃疼！"

她也叹了口气，用眼角瞟着陆小凤："不但胃疼，心也会痛，所以还是不去的好！"

02

一回到天长酒楼，陆小凤倒头就睡，一睡就睡得很熟。

但是他已在心里告诉自己："我最多只能睡两个时辰。"还不到两个时辰，他果然醒了。

他身体里就好像装了个可以定时响动的铃铛，要它在什么时候响，它就会什么时候响——其实每个人潜意识中都有这么样一个铃铛的，只不过他的特别灵敏准确。

他张开眼睛的时候，楚楚正在门口看着他："我已经等了你很久！"

陆小凤揉揉眼睛，道："等我干什么？"

楚楚道："等着向你辞行！"

陆小凤道："辞行？你现在就要走？"

楚楚淡淡道："你既然已找到罗刹牌，我就算还清了你的债了，你想去喝酒，我却不想吃醋，还不走干什么？"

她不等陆小凤开口，又问道："我只不过有点奇怪，你跟她怎么会忽然变得那么熟的？而且看来还一定有一手！"

陆小凤笑了，道："这原因很简单，只因为我是个正常的男人，她是个正常的女人！"

楚楚道："我呢？我难道不是女人？我难道不正常？"

陆小凤道："你也很正常，只可惜太正常了一点！"

楚楚盯着他，忽然冲过去，掀开他的棉被，压在他身上。

陆小凤道："你又想干什么？"

楚楚道："我只不过告诉你，只要我愿意，她能做的事，我也能做，而且比她做得更好！"

她火热的胴体不停地在他身上扭动摩擦，咬着他的耳朵，喘息着道："我本来已经愿意了，你却不要，现在你是不是已开始后悔了？"

陆小凤叹了口气，他也不能不承认，这女孩子实在是个可以迷死人的小妖怪。

楚楚却已跳起来，头也不回地冲了出去，大声道："那么你就一个人躺在床上慢慢地后悔吧。"

陆小凤并没有在床上躺多久,因为楚楚刚走,陈静静就来了,她还带了两个小小的酒杯和一壶酒,微笑着道:"那位喜欢吃醋,又怕胃疼的姑娘,为什么先走?"

陆小凤苦笑道:"因为她若再不走,我的头就会比她的胃更疼。"

陈静静嫣然道:"她走了最好,我已经把那边的赌坊结束,本就想到你这里来的!"

陆小凤笑道:"可惜你带来的酒只够让我漱漱口。"

陈静静柔声道:"酒不在多,只要有真心诚意,一杯岂非已足够?"

陆小凤道:"好,你倒,我喝!"

陈静静慢慢地倒了两杯酒,幽幽地说道:"我敬你一杯,为你饯行,祝你一路顺风;你也敬我一杯,为我饯行,从此我们就各自西东!"

陆小凤说:"你也要走?"

陈静静叹了口气,道:"我们是五个人来的,现在已只剩下我一个,我还留在这里干什么?"

陆小凤道:"你——你准备到哪里去?"

陈静静道:"我有地方去!"

陆小凤道:"既然我们都要走,为什么不能一起走?"

陈静静勉强笑了笑,道:"因为我知道你并不是真心想带我走,也知道你身边的女人一定很多,女人没有一个不吃醋的,我也是女人,我……"

她没有再说下去,却喝干了杯中的酒,然后就慢慢地放下酒杯,慢慢地转过身,慢慢地走了出去。

她没有回头,仿佛生怕自己一回头,就永远没法子走了。

陆小凤也没有阻拦,只是默默地看着她走出去,脸上的表情,就像是刚喝下一杯苦酒。

就在这时候，他忽然听见外面有人道："恭喜你，你总算大功告成了！"

声音苍老，来的当然是岁寒三友。

陆小凤还没有看见他们的人，就先看见了他们的手。

"拿来！"孤松老人还没有走进门，就已伸出手，"你把东西拿出来，就可以走了，我们的恩怨从此一笔勾销！"

陆小凤没有开口，也没有动，只是咧着嘴看着他们傻笑。

孤松老人沉下脸道："我说的话你不懂？"

陆小凤道："我懂！"

孤松老人道："罗刹牌呢？"

陆小凤道："不见了！"

孤松老人耸然变色，厉声道："你说什么？"

陆小凤还在笑："你说的话我懂，我说的话你不懂？"

孤松老人道："难道罗刹牌不在你身上？"

陆小凤道："本来是在的！"

孤松老人道："现在呢？"

陆小凤道："现在已经被人偷走了！"

孤松老人道："被谁偷走了？"

陆小凤道："被一个刚才压在我身上打滚的人。"

孤松老人道："就是你带来的那个女人？"

陆小凤道："当然是女人，若是男人压在我身上打滚，我早已晕了过去！"

孤松老人怒道："你明知她偷走了你的罗刹牌，还让她走？"

陆小凤道："我一定要让她走。"

孤松老人道："为什么？"

陆小凤道:"因为她偷走的那块罗刹牌是假的!"

03

寒冷的风,灰暗的穹苍,积雪的道路,一个孤独的女人,骑着一匹瘦弱的小毛驴,远处隐约有凄凉的羌笛声传来,大地却阴冥无语。

她的人已在天涯,她的心更远在天外。

"寂寞的人生,漫长的旅程,望不断的天涯路,何处是归途?……"

她走得很慢,既然连归途在何处都不知道,又何必急着赶路?

忽然间,岔路上有辆大车驶过来,赶车的大汉头戴皮帽,手挥长鞭赶过她身旁时居然对她笑了笑。

她也笑了笑。同是天涯沦落人,相逢何必曾相识,那么一笑又何妨?

赶车的大汉忽然问道:"姑娘你冷不冷?"

陈静静道:"冷!"

赶车的大汉道:"坐在车子里,就不冷了!"

陈静静道:"我知道!"

赶车的大汉道:"那么你为什么还不上车?"

陈静静想了想,慢慢地下了毛驴,车也已停下——既然连油锅都下去过,上车又何妨?

赶车的大汉看着她上了他的马车,忽然挥起长鞭,一鞭子抽在毛驴后股上。

毛驴负痛,箭一般蹿出去,落荒而走。

赶车的大汉嘴角露出微笑,悠然哼起一曲小调。

松河黑乌拉的姑娘美又娇呀，
带着百万家财来让我挑呀，
我一把搂住了她的腰呀，
不是为了家财，是为了她的娇呀！

歌声悠扬，就连马蹄踏在冰雪上，都仿佛带着种欢乐的节奏。
然后马车就去远了。

"黑乌拉"并不是"松河黑乌拉"。
松河黑乌拉就是松花江，是条大江，黑乌拉虽然并不是个大城，可是在这种极荒寒的地方，也不能算太小。
一个时辰后，这辆大车已到了黑乌拉，穿过两条大街，转入一条小巷，停在一家小屋门口。
赶车的大汉回过头，带着笑道："我的家到了，姑娘要不要进去坐坐？"
过了半晌，车厢中才传出陈静静的声音，淡淡道："既然来了，进去坐坐也没关系。"
她刚下车，破旧的木板门就"呀"一声开了，一个傻头傻脑的小孩，站在门口，看着她嘻嘻直笑。
陈静静脸上连一点表情都没有，拍了拍身上的尘土，慢慢地走了进去。
里面是一间很简陋的小客厅，当中供着个手捧金元宝的财神爷，后面的一扇门上，挂着已洗得发白的蓝布棉门帘，上面还贴着斗大的红"喜"字，无论谁一走进这里，都可以看得出这地方的主人一定是个整天在做着财迷梦的穷小子。

一个穷小子，一个脏小孩，两三间东倒西歪的破房屋，四五张破破烂烂的旧板凳，门上喜字写得无论正着看、倒着看都不顺眼，墙上贴着的财神爷画得就像是个暴发户。

这种地方陈静静本来连片刻都耽不住的，她喜欢干净，喜欢精致高雅的东西，可是现在她居然并没有要走的意思。难道她已没有别的地方可去？

那脏小子还在看着她傻笑，她脸上还是完全没有表情，四面看了看，居然掀开了那蓝布棉门帘，走进了别人的卧房。

卧房里居然有张床，床居然很大，而且是崭新的，床上铺着的被褥也是崭新的，还绣着大红的富贵牡丹和一双戏水鸳鸯。

床后面堆着四五口崭新的樟木箱，还有个配着菱花镜的梳妆台，四面的墙壁粉刷得跟雪洞一样，看起来就像是间新婚夫妻的新房。

陈静静皱了皱眉，眼睛里露出了厌恶之色，可是等到她目光转到那些樟木箱子上的时候，她的眼睛就立刻发出了光。

然后她就做了件很不可想象的事。她居然跳上了别人的床，从自己身上拿出一串钥匙，打开了别人的樟木箱上一把大锁。

忽然间，一阵金光亮起，这口樟木箱子里放着的，竟全都是一锭锭分量十足的金元宝。

金光照得她的脸也发出了光，她第一次露出了笑容，用指尖轻抚着一排排叠得很整齐的金锭，就像是母亲在轻抚着她初生的孩子。

能得到这些黄金的确不是件容易事，甚至比母亲生孩子还要艰苦得多。

可是现在所有的苦难都已过去了，她满足地叹了口气，抬起头，就看见那赶车的大汉施施然走进来，微笑着道："我这出戏演得怎么样？"

陈静静嫣然而笑，道："好，好极了，实在不愧是天下第一位神童！"

赶车的大汉大笑，摘下了低压在眉毛上的破毡帽，露出了一张看来还带几分孩子气的脸，赫然竟是李神童。

脱下了那身装疯卖傻的红袍绿帽，这个人看来就非但一点也不疯，而且也不难看。

陈静静看着他，眼睛里充满温柔的笑意，道："这两天倒真是辛苦了你！"

李神童笑道："辛苦倒算不了什么，紧张倒是有一点的，那个长着四条眉毛的王八蛋，倒真不是好吃的烂饭！"

他忽又问道："你走的时候，他有没有问起过我？"

陈静静摇摇头，道："他以为你真的疯了，根本就没有把你放在心上！"

李神童笑道："所以就算这小子奸得似鬼，还是喝了你的洗脚水！"

陈静静道："那还不是全靠你，你装疯的时候，几乎连我都相信了！"

李神童道："那并不难，我只是把小唐当作你，你也应该知道我那些话都是对你说的！"

他痴痴地看着她，也像是个正在想向母亲索奶吃的孩子，过了很久，忽又笑道："你看我把这屋子布置得怎么样？"

陈静静嫣然道："好极了，简直就像是间新房！"

她微笑着躺下来，躺在那对绣着戏水鸳鸯的枕头上，用一双仿佛可以滴出水来的眼睛，看着李神童，柔声道："你看我像不像新娘子？"

李神童喉咙上下滚动着，好像已紧张得连气都喘不过来，忽然一下子扑了上去，压在她身上，喘着气道："我要你，我已经憋得快发疯了，上一次我们还是在三个月前……"

他嘴里说着话，一双手已在拉她的衣服。

陈静静并没有推拒，嘴里也轻轻地喘着气，一口口热气喷在李神童的耳朵上，他连骨头都酥了，她又伸手抱住了他的脖子。

李神童的喘气声音更粗，道："我不行，快……"

突听"咯"的一声响，竟像是骨头折断的声音，他的人忽然从陈静静身上跳起来，头却已软软地垂到一边，整个人就像是一摊泥，"吧嗒"一声，跌在地上，眼睛凸出，已断了气。

陈静静连看都没有再看他一眼，静静地躺在床上，阖起了眼睛。

就在这时，外面忽然传来一阵银铃般的娇笑，一个清脆的女子声音，拍着手，笑道："好，好极了，难怪小丁从小就说你是心最狠的女人，她果然没有看错！"

陈静静脸色骤然改变，可是等她站起来，她脸上立刻又露出那种温柔动人的微笑，道："我的心虽然狠，却还不太黑，你呢？"

"我的心早就被狗偷吃了！"

一个戴着貂皮帽，穿着五花裘的女孩子，娇笑着走了进来，美丽的笑容如春日下的鲜花初放，竟是那么楚楚动人的楚楚。她身后还有三个人，一个人黑衣佩剑，一个人轻健如猿，一个人白发苍苍，看来就像是她的影子一样。

陈静静已迎上来，嫣然道："我真的想不到你会来，否则我一定会准备些你喜欢吃的小菜，陪你喝两杯你最喜欢的玫瑰露！"

楚楚笑得更甜，道："想不到你居然还记得我喜欢吃什么！"

陈静静道："我们是从小在一起长大的，就算你忘了我，我也不会忘记你！"

楚楚道："真的？"

陈静静道："当然是真的，这两天我一直想找个机会跟你好好地聊聊，却又怕别人动疑心。"

楚楚道："我也一样，那个长着四条眉毛的小色鬼，实在不是个好东西。"

两个人互相微笑着，笑容里都充满了温暖的友情。

陈静静柔声道："你看来一点都没有变！"

楚楚道："你也没有！"

陈静静道："这些年来，我真想你！"

楚楚道："我更想你！"

两个人都伸出了手，向对方走过去，仿佛想互相拥抱着来表示自己的感情。

可是她们的人还没有走近，陈静静的笑容已不见了，温柔的眼波忽然变得充满了杀气，手势也变了，突然出手如鹰爪，一只手闪电般去扣楚楚的脉门，另外一只手狠狠地向她左胁下抓了过去。

这一着犀利而凶狠，用的也正是和冷红儿同样的分筋错骨手法，楚楚若是被她一把拿住，就算想赶快走都来不及了。

可是她出手虽然快，楚楚比她更快，她一招刚击出，突听"叮"的一声轻响，两道细如牛毛的乌光从楚楚双袖里打出来。

她只觉得膝盖上一麻，就好像被蚊子叮了一口，全身力气立刻消失，腿也软了，"噗"地跪了下去，跪在楚楚面前。

楚楚又银铃般娇笑起来，道："我们多年的姐妹了，你何必这么多礼？"

清脆的笑声中，又是一点寒星射出，打在陈静静"笑腰穴"上。

陈静静也笑了，吃吃地笑个不停，可是眼睛里却连一点笑意都没有，美丽的脸上也因痛苦而扭曲，黄豆般大小的冷汗一粒粒滚了下来。

楚楚眨着眼睛笑道："我明白了，你一定也知道自己有点对不起我，所以来向我赔不是的，可是你又何必跪下来呢？只要把东西拿出来，那我就不会再怪你！"

陈静静一面笑，一面流着冷汗，挣扎着道："什么东西？"

楚楚道："你不知道？"

陈静静挣扎着摇了摇头，她全身都笑软了，竟似连摇头都很吃力。

楚楚沉下脸，冷冷道："亲兄弟，明算账，我们姐妹也一样，贾乐山要花四十万两黄金买李霞的罗刹牌，你却答应我，只要我出十万两，你就可以保证把罗刹牌交给我，对不对？"

陈静静道："可是……罗刹牌岂非被你带来的男人拿走了？"

楚楚立刻从身上拿出一块玉牌，道："你说的就是这一块？"

陈静静点点头。

楚楚忽然走过去，反手给了她一个大耳光，冷笑道："你以为我看不出这是假的？"

她忽然把玉牌用力摔在李神童头上，又道："你把这小子当活宝，以为他做的假货已可唬得住别人，只可惜他刻的那些天魔天神，一个个都像是猪八戒！"

陈静静用力咬住嘴唇，想停住不笑，可是她已把嘴唇咬破了却还是笑个不停。

楚楚道："其实我早就在疑心你了，你明明知道罗刹牌是无价之宝，怎么肯卖给别人？你的心一向比谁都黑，吃了人连骨头都不肯吐出来的，所以我早就叫辛老二盯住你了，就算你躲到地底下去，我也一样能把你找出来！"

陈静静道："你——你以为真的罗刹牌已被我拿走了？"

楚楚道："李霞还没有把罗刹牌藏入冰河的时候，就一定被你用假货掉了包，虽然我们本来……"

她们本来的计划是——

约好要付的黄金，楚楚只要付出四分之一，十二口箱子里，只要有三口是装着黄金的，其余九口都可以用石头充数。

因为验收的人就是陈静静，她收下这十二口箱子后，就通知李霞交货。

她本是李霞最信任的人，李霞当然不会想到其中有鬼，本来准备在第二天用炸药开河，拿出罗刹牌来的，李霞要的只不过是黄金和男人，对西方魔教教主的宝座并没有兴趣。

楚楚道："可是你知道她只要一发现罗刹牌已被调包，就一定会想到是你做的手脚，因为除了她自己和你之外，绝没有第三个人知道这秘密，所以当天晚上就杀了她，还故意把她跟老山羊冻在冰里，来转移别人的注意力，因为无论谁都想不到你这样的人会做出那种疯狂的事！"

她忽然接着道："你看，你的秘密是不是完全没有瞒过我，你又何必还要装糊涂？"

陈静静全身都已扭曲痉挛，不但流出了汗和眼泪，甚至连裤裆都已湿透，两条腿的膝盖更像是在被钢刀刮着，尖针刺着，却偏偏还是像刚从地上捡到三百个元宝一样笑个不停。

楚楚道："你还不肯拿出来？你知不知道再这么样笑下去会有什么结果？"

陈静静拼命想咬紧牙，可是连嘴都已合不拢。

楚楚道："你开始笑的时候，只不过流汗流泪，现在想必已连大小便都一起笑了出来，一两个时辰后，你全身的关节就全都会笑松，你的人就会软得像是一摊泥，无论谁只要用指头在你关节上敲一下，我保证你一定会像杀猪一样叫起来！"

陈静静道："你……你……"

楚楚道："你若以为我绝不会下这种毒手，那你就错了，就好像贾乐山以为我绝不会杀他一样！"

陈静静道："你杀了他？"

楚楚道:"他又有钱,又有势,年纪虽已不小,却保养得很好,在床上还可以像小伙子般流汗,对女人的功夫又不知比小伙子好多少倍,对我更温柔体贴,谁也想不到我会杀了他的!"

她淡淡地接着道:"但我却偏偏杀了他,我既然杀了他,还有什么别的事做不出?"

陈静静忽然用尽全身力气,嘶声道:"罗刹牌就在我的月经带里,你饶了我吧!"

笑声已停止,陈静静也已像一摊烂泥般软瘫在地上。

罗刹牌当然已到楚楚手里,她用掌心托着这面晶莹的玉牌,就像是帝王托着传国的玉玺,又高兴、又骄傲、又得意,忍不住放声大笑。

就在她笑得最开心的时候,窗外忽然有一条长鞭无声无息地飞过来,鞭梢一卷,卷住了她手里的玉牌,就立刻蛇信般缩了回去。

楚楚笑不出了,脸上的表情就好像忽然被人一刀割断了脖子。

只听窗外一个人带着笑道:"你们不必追出来,因为我就要进去了,多亏你替我要回这块罗刹牌,我至少总得当面谢谢你!"

陆小凤!

楚楚咬着牙,道:"我就知道一定是你,你为什么还不进来?"

她这句话刚说完,陆小凤已笑嘻嘻地站在她面前,一只手提着根长鞭,一只手握着玉牌。

看见陆小凤,她居然也笑了,道:"倒看你不出,居然还使得这么好的一手鞭法!"

陆小凤微笑道:"我这是偷来的!"

楚楚道:"偷来的?怎么偷?"

陆小凤道:"这条鞭子是从外面马车上偷来的,这手鞭法也是从'无影神鞭'那里偷来的,若论偷东西的本事,我虽然比不上那个偷王之王，比你可要高明得多了。"

楚楚叹了口气道："其实我早就应该知道你会偷的，就连我的心都差点被你偷去了，何况别的？"

陆小凤笑道："你的心岂非早已被野狗吃了去？"

楚楚睁大眼睛，道："你来得真早！"

陆小凤道："你想不到？"

楚楚道："你是怎么会想到的？"

陆小凤笑了笑，道："因为我一个人躺在床上想得太多了，所以才想到了很多事！"

楚楚噘起嘴，道："谁叫你一个人胡思乱想的，你为什么不强奸我？"别人没有强奸她，她居然还像是很生气："你又不是君子，既然能强奸别人，为什么不能强奸我？"

陆小凤笑道："因为那时我还不急，你既然要吊我胃口，我也想吊吊你！"

楚楚眨了眨眼，道："你是在什么时候改变主意的？"

陆小凤道："石头从箱子里滚出来的时候！"

他微笑着，又道："我虽然没有在上线开扒时去踩过盘子，可是一口箱子是用铁打的，还是用黄金打的，我倒还能看得出！"

"上线开扒"就是拦路打劫，"踩盘子"就是看货色、望风水。据说黑道上的高手，只要看看车轮后扬起的尘土，就能看得出车上载的是什么货，这批货有多少油水。

楚楚又叹了口气，道："原来你不但会偷，还会这一手，像你这样的人，居然没有去做强盗，实在可惜得很！"

陆小凤也叹息着道："老实说有时我自己也觉得可惜，有好几次都差点改了行！"

楚楚嫣然道："你若真的改了行，我一定做你的压寨夫人！"

陆小凤笑了笑，道："我若做了什么帮的帮主，一定还要请你做我内三堂的堂主，就像是你的老朋友丁香姨！"

楚楚又睁大眼睛，道："你早就知道我认得她？"

陆小凤道："因为你到了拉哈苏，就好像回到你自己家一样，每个地方你好像都很熟，那时我就已经在怀疑，你很可能也是在那里长大的，很可能早就认得陈静静和丁香姨！"

楚楚盯着他，道："你既然认得小丁丁，就一定也跟她好过，我很了解她，看见你这种男人，她是绝不肯放过的！"

陆小凤没有否认，也不能否认。

楚楚又噘起嘴，道："我们三个人里面，你已经跟两个好过，为什么偏偏让我落空？"

他们两个人说说笑笑，打情骂俏，站在后面的三个人脸色早已变了，三个人忽然同时蹿出，虎视眈眈，围住了陆小凤。

陆小凤好像直到现在才看见他们，微笑道："上一次三位不战而退，这次还想来试试？"

白发老人道："上一次我们就该杀了你的！"

辛老二道："我们放过了你，只不过她还想用你做一次傀儡而已！"

陆小凤大笑，道："我若是她的傀儡，那你们三位是什么？我只要点点头，她就会跟我走的，你们呢？"

三个人脸色更可怕，转头去看楚楚，楚楚却施施然走开了，这件事就好像跟她一点关系都没有。

陆小凤道："其实华山门下的'一指通天'华玉坤，江北武林中的高手'多臂仙猿'胡辛，披风剑的名家'乌衣神剑'杜白，我是早已闻名了的，我一直不敢相认，只因为我一直不相信像三位这样的名门子弟，会为了一个女人做奴才！"

三个人脸上阵青阵白,他们以名为姓,想不到陆小凤还是认出了他们的来历身份。

白发老人佝偻的身子慢慢挺直,抱拳道:"不错,我就是华玉坤,请!"

陆小凤道:"你想一个人对付我?"

华玉坤道:"你若不知道我的来历身份,我必定会跟他们联手对付你,但是现在……"他的神情忽然变得严肃,厉声接着道,"我个人的生死荣辱都不足为论,华山派的声名,却不能坏在我手上!"

华山派虽不是武林中数一数二的宗派,但门户高洁,门人也很少有败类,更没有以多为胜的懦夫!

陆小凤的神情也变得严肃起来——能尊敬自己的人,别人也同样会尊敬他的。

华玉坤道:"久闻陆大侠指上功夫天下第一,在下学的恰巧也是这门功夫,就请陆大侠赐招!"

陆小凤道:"好!"

他深深吸了口气,藏起玉牌,放下长鞭,只听"嗤"的一声,锐风响起,华玉坤并指如剑,急点他左右"肩井穴",出手就是一招两式,劲力先发,余力犹存,果然不愧是名家子弟。

可是这一招攻出,陆小凤就已看出这老人功力虽深,招式间却缺少变化,出手也显得太古老呆板了些,也犯了名家子弟们通常都会有的毛病。

他虽然只看了一眼,却已有把握在两三招之间制敌取胜,但是他又不禁在心里问自己。

——我是不是应该一出手就击败他?是不是应该替他留点面子?

——一个人若是爱上了一个人,不管他爱的是谁,都不应该算是他的错,何况他已是个老人,倒下去就不容易站起来了。

这念头在他心头一闪而过，华玉坤的指尖距离他穴道已不及半尺，劲风已穿过他的衣服，他已没有选择考虑的余地。他只有出手，出手如闪电，用自己的指尖，迎上了老人的指尖。

华玉坤只觉得一股热力从指间传过来，自己的力量突然消失。

华山的"弹指神通"本是武林中七大绝技之一，他在这上面已有四十年苦练的功力，平常对敌时，三五尺外就已可用指风点人穴道，可是现在，他的力量却像是阳光下的冰雪般消失，化作了一身冷汗。

谁知陆小凤忽然也后退了两步，苦笑道："华山神指，果然名不虚传！"

华玉坤道："可是我……我已败了！"

陆小凤道："你没有败，我虽然接住你这一招，出手也许比你快些，但是你的功力却比我深厚，你又何苦……"

这句话还没有说完，突然"叮"的一响，数十点寒星如漫天花雨，急打他的后背。

他背后没有眼睛，也没有手。

华玉坤耸然失色，楚楚眼睛里却发出了光。

就在这一瞬间，陆小凤身子突然一转，数十点寒星竟奇迹般从他胁下穿过，竟全都打在本来站在他前面的华玉坤胸膛上。

华玉坤双睛凸出，瞪着胡辛，一步步走了过去。

胡辛脸色也变了，一步步向后退。

华玉坤只向前走了两步，眼角、鼻孔、嘴角，忽然同时有鲜血涌出。

胡辛仿佛松了口气，道："我……"

他只说了一个字，胸口忽然有鲜血涌出，一截剑尖随着鲜血冒出来。

他吃惊地看着这截剑尖，好像还不能相信这是真的，可是他自己嘴里也已有鲜血涌出，忽然狂吼一声，向前扑倒，就不能动了。

他倒下后，就可以看见杜白正站在他背后，手里紧握着剑，剑尖还在滴着血。

华玉坤看着他，挣扎着笑了笑，道："谢谢你！"

杜白也勉强笑了笑，却没有开口。

华玉坤又转过头，看着陆小凤，一字字道："更谢谢你！"

杜白替他报了仇，陆小凤保全了他的声名，这正是武林中看得最重的两件事。

华玉坤闭上眼睛，缓缓道："你们都对我很好……很好……"

他慢慢地倒下去，嘴角竟仿佛真的露出一丝微笑，最后的微笑。

风从窗外吹过，寒意却从心底升起。

过了很久，陆小凤才长长吐出口气，喃喃道："为什么？这是为了什么……"

杜白脸上全无表情，缓缓道："你应该知道这是为什么，我也知道！"

欲望！对金钱的欲望，对权力的欲望，对声名的欲望，对性的欲望！

人类所有的苦难和灾祸，岂非都是因为这些欲望而引起的？

陆小凤又不禁长长叹息，转身面对着杜白，道："你……"

杜白冷冷道："我不是你的敌手！"

陆小凤笑了笑，笑得很凄凉，挥手道："那么你走吧！"

剑尖的鲜血已滴干了，杜白慢慢收回他的剑，将剑入鞘，他已走到楚楚面前，道："我们走吧！"

楚楚道："走？你要我跟你走？"

杜白道："是的，我要你跟我走。"

楚楚忽然笑了，笑得弯下腰，好像连眼泪都快笑了出来。

看到陈静静的笑，陆小凤才知道笑有时比哭还痛苦。

看到楚楚的笑,陆小凤才知道笑有时甚至比利剑尖针更伤人。

杜白的脸上已全无血色,一双本来很镇定的手,已开始不停地颤抖,却还不肯放弃希望,又问了一句:"你不走?"

楚楚的笑声突然停顿,冷冷地看着他,就好像完全不认得他这个人一样,过了很久,才冷冷地说出了一个字:"滚!"

这个字就像是条无情的鞭子,一鞭子就把杜白连皮带骨抽开了两半,把他的一颗心抽了出来,直滚在他自己脚下,让他自己践踏。

他什么话也不再说,扭头就走。楚楚却忽然跃起,拔出了他背后背着的剑,凌空翻身,反手一剑,向他的后心掷了过去。

杜白没有倒下,就让这把剑穿心而过。

但是他并没有闪避,反而转过身,面对着楚楚,冷冷地看着。

楚楚脸色也变了,勉强笑道:"我知道你不能没有我的,所以还不如索性让你死了算了!"

杜白的嘴角也有鲜血涌出,慢慢地点了点头,道:"好,很好……"

第二个"好"字说出,他身子突然向前一扑,紧紧抱住了楚楚,死也不肯放。

他胸膛上的剑,也刺入了楚楚的胸膛,他心口里的血,也流入了楚楚的心口。

楚楚的头搭在他肩上,双眼渐渐凸出,喘息愈来愈粗,只觉得抱住她这个人的身子已渐渐发冷,冷而僵硬,一双手却还是没有放松。

然而她自己的身子也开始发冷,连骨髓都已冷透,但是她的眼睛却反而亮了,忽然看着陆小凤笑了笑,道:"你为什么不强奸我?为什么?……"

这就是她说的最后一句话。

第九章

香姨之死

01

陈静静并没有死,而且一直都很清醒。

在这种情况下,清醒的本身就已是种无法忍受的痛苦,冥冥中竟像是真的有个为世人主持公道的神祇,在故意折磨着她。

现在陆小凤虽然已将她抱到另一间房里,让她静静地躺在床上,可是她的痛苦并没有结束,也许已只有死才能解除她的痛苦。

痛苦已到了无法忍受时,死就会变得一点也不可怕了。

她想死,真的想死,她只希望陆小凤能给她一个痛快的解脱,但是她绝不把自己的意思表露出来,因为她很小的时候,就得到一个教训。

——你愈想死,别人往往就愈要让你活着;你不想死,别人却偏偏要杀了你。

她至今还记得这教训,因为她看见过很多不想死的人死在她面前,也看见过很多活不下去的人偏偏还活着,她本是在苦难中生长的。

陆小凤虽然一直都静静地站在床头,她却看得出他心里也很不平静。

无论谁看到了那些惊心动魄,惨绝人寰的事之后,心里都不会好受的。

陈静静忽然勉强笑了笑,道:"我想不到你会来,但你却一定早已想到是我了。"

陆小凤并不否认。

陈静静道:"我本来一直认为我做得已很好,假如楚楚也能小心一些,没有让箱子里的石头滚出来,也许你就不会怀疑我了!"

陆小凤沉默着,过了很久,才缓缓道:"箱子里装的是石头,你却接受了,楚楚和你本该是从小认得的,却故意装作素不相识,这两点虽然都让我觉得很可疑,却还不是最重要的线索!"

陈静静道:"最重要的是什么?"

陆小凤道:"是只黑熊!"

陈静静道:"黑熊?"

陆小凤道:"冷红儿总认为自己看见过一只黑熊,其实那只不过是个披着黑熊皮的人而已,因为这个人做的事很秘密,她的模样又偏偏是别人容易认出来的,所以她就披上熊皮来掩人耳目,无论谁发现一只黑熊,都一定会远远避开,绝不敢仔细看去的。"

陈静静道:"你认为这个人就是我?"

陆小凤道:"嗯!"

陈静静道:"因为你看见我房里有张熊皮?"

陆小凤道:"你当然想不到我会到你房里去,那本就是件很凑巧的事!"

陈静静叹了口气,道:"我的屋子确实从来都不让别人进去的,这一点你没有错!"

陆小凤道:"我哪点错了?"

陈静静道:"你能到我房里去,并不是因为我恰巧晕倒,因为那天我根本就没有晕过去!"

她的声音虽微弱，可是每句话都说得很清楚，因为她一直都在控制着自己，这世上也许已很少有人能比她更会控制自己。

她接着道："我让你到我房里去，只因为你抱起我的时候，我忽然有了种从来都没有过的感觉，我……我本来也想不到李神童会忽然闯进去。"

陆小凤也勉强笑了笑，道："我若是他，我也会忽然闯进去的！"

陈静静道："同样的熊皮，本来有两张，还有一张是李霞的！"

陆小凤道："那天你们去埋藏罗刹牌的时候，身上就披着熊皮？"

陈静静道："那时候已经是深夜了，我们想不到红儿还坐在岸上发怔。我看见她的时候，她当然也看见了我！"

陆小凤道："但是她并没有看清楚，她一直以为你是只黑熊！"

陈静静苦笑道："不管怎么样，我还是不太放心，女人的疑心病总是比较大的！"

陆小凤道："所以你发现她昨天晚上又到那里去了，你就杀了她灭口？"

陈静静居然承认："丁香姨一向认为心最狠的人就是我！"

陆小凤道："她本来虽然不知道你的秘密，但是你下手杀她的时候，她终于认出了你。"

陈静静叹道："她看见我的脸时，那种眼神我只怕一辈子都不会忘记！"

陆小凤道："那时你心里也难免有点害怕，所以一击得手，就立刻走了。"

陈静静道："因为我知道她已必死无疑。"

陆小凤道："可是你没有想到，一个人临死的时候，往往也就是他这一生中最清醒的时候。"

陈静静没有开口，心里却有点酸酸的，现在她就很清醒。

陆小凤道:"所以她临死前,终于想到那天她看见的黑熊一定就是你,也想到了你一定是去埋藏罗刹牌的,所以她就挣扎着爬到那天你出现的地方!"

陈静静道:"所以你才知道我们是把罗刹牌藏在那里的?"

陆小凤黯然道:"不错!"

陈静静忽然冷笑,道:"这么说来,她的死对你岂非只有好处?你还难受什么?"

陆小凤想说话,又忍住。

陈静静道:"不该难受的你难受,真正应该难受的事,你反而觉得很高兴。"

陆小凤已闭上嘴,等着她说下去。

陈静静道:"那天我去找你,并不是替你送下酒菜,更不是为了关心你、喜欢你,我去找你,只不过为了要绊住你,好让李神童把李霞的尸体冻在冰里,所以我只有忍受你的侮辱,其实你一碰到我,我就想吐!"

陆小凤忽然笑了笑,道:"我明白了!"

陈静静道:"你明白了什么?"

陆小凤道:"你想死。"

陈静静道:"你凭什么认为我想死?"

陆小凤道:"因为你一直在故意激怒我,想要我杀了你。"

陈静静冷笑道:"我知道你不敢的,你一向只会看着别人下手,你自己根本没有杀人的胆子!"

陆小凤又笑了笑,忽然转身走出去。

陈静静失声道:"你想去干什么?"

陆小凤道:"去套车!"

陈静静道:"为什么现在要去套车?"

陆小凤道:"因为你既不能骑马,也不能走路!"

陈静静道:"你……你要带我走?"

陆小凤道:"你穴道里的暗器我虽然拿不出来,可是我知道有个人能拿出来!"

陈静静道:"你……你……你为什么不肯让我死?"

陆小凤淡淡道:"因为今天死的人已太多了!"

他头也不回地走出去。

陈静静看着他走出去,眼泪已慢慢地流下来,终于失声痛哭,却不知是为了悲伤?是为了悔恨?还是因为感激?

不管怎么样,一个人想哭的时候,若是能自由自在地痛哭一场,也满不错的。

陆小凤当然听得见她的哭声,他本就希望她能哭出来,把心里的悲伤痛苦和悔恨全都哭出来,哭完了之后,她也许就不想死了。

阳光已消失,风更冷,那傻头傻脑的脏小孩还站在那里流着鼻涕傻笑,刚才发生的那些悲惨的事,对他竟似完全没有影响。

别人虽然笑他傻,也许他活得反而比大多数人都快乐些。

陆小凤在心里叹了口气,微笑着拍这孩子的头,道:"你去替我照顾照顾房里的那个阿姨,她有好多好多钱,她会买糖给你吃!"

傻孩子居然听懂了他的话,雀跃着跑进去:"我喜欢吃糖,好多好多糖!"

陆小凤又叹了口气,刚走出门,就看见一只手伸了过来。

他并不意外,他早已算准岁寒三友一定会在外面等着他的。

孤松先生道:"拿来!"

陆小凤眨了眨眼,道:"你是想要钱?还是想要饭?"

孤松先生脸色又气得发青,冷冷道:"也许我这次是想要你的命！"

陆小凤微笑道："要钱要饭都没有，要命倒有一条。"

孤松怒道："难道你一定要我先打断你的腿，才肯交出罗刹牌？"

陆小凤道："就算你打断我的腿，我也不会交出罗刹牌。"

孤松变色道："你这是什么意思？"

陆小凤道："我正想问你，你这是什么意思？我几时说过要把罗刹牌给你的？"

孤松厉声道："你准备给谁？"

陆小凤道："蓝胡子。"

孤松道："一定要给他？"

陆小凤道："一定。"

孤松道："为什么？"

陆小凤道："因为我要去换回一样东西。"

孤松道："换什么？"

陆小凤道："换我的清白。"

孤松盯着他，缓缓道："难道你自己从来也没有想过要把这罗刹牌占为己有？"

陆小凤道："我想过！"

孤松道："现在你还想不想？"

陆小凤道："想！"

孤松脸色又变了。

陆小凤淡淡地接着道："我想的事很多，有时我想做皇帝，又怕寂寞；有时我想当宰相，又怕事多；有时我想发财，又怕人偷；有时我想娶老婆，又怕啰唆；有时我想烧肉吃，又怕洗锅；有时我甚至还想打你一巴掌，又怕惹祸。"

他的话还没有说完，孤松已忍不住笑了，但是一转眼他又板起脸，道："所以你想的事虽多，却连一样也没有做。"

陆小凤叹了口气，苦笑道："每个人活在世上，好像都是想得多，做得少的，又岂只我一个？"

孤松的目光忽然到了远方，仿佛也在问自己——我想过什么？做过什么？

一个人只要活在世界上，就一定要受到各种的约束，假如每个人都把自己想做的事做出来，这世界还成什么样子？

过了很久，孤松才轻轻地叹息了一声，挥手道："你走吧！"

陆小凤松了口气道："我本来以为你已不会让我走的，想不到你居然还很信任我。"

孤松板着脸，冷冷道："这已是最后一次。"

陆小凤微笑道："只要你想喝醉，随时都可以来找我，我一定就在你附近。"

他也挥了挥手，刚想从他们中间走过去，寒梅忽然道："等一等！"

陆小凤只好站住，道："有何吩咐？"

寒梅道："我想看看你。"

陆小凤笑了："你尽量看吧，据说有很多人都认为我长得很不错。"

寒梅脸上既没有笑容，也没有表情，冷冷道："我要看的并不是你这个人。"

陆小凤道："你要看我的是什么？"

孤松道："看你的功夫。"

陆小凤的笑立刻变成苦笑，道："我劝你不如还是看我的人算了，我可以保证，我的功夫绝没有我的人好看。"

寒梅却再也不看他一眼，忽然转身，道："你跟我来。"

陆小凤迟疑着，看看枯竹，又看看孤松，两个人的脸色也全无表情。

他叹了口气，只好跟着寒梅走，嘴里还在喃喃地嘀咕："你究竟想带我到哪里去？喝酒赌钱我都奉陪，若是要打架拼命，我就要开溜了。"

寒梅也不理他，三转两转，走到一条大街上，街上有家很大的酒楼，门口停着十来辆镖车，一杆紫缎镖旗斜插在门外，迎风招展，上面绣着的是一条金龙，蟠着个斗大的"赵"字。

陆小凤认得这杆镖旗，"金龙镖局"虽然远在关外，主顾大多是到长白山来采参的参客，可是在关内的名头也很响，因为这家镖局的总镖头，"黑玄坛"赵君武，昔年本是中原极负盛名的镖师，不久之前才被金龙镖局重金聘来的。

现在他就在这家酒楼上喝酒，一个人有了他这样的声名地位，气派当然不小。

寒梅一上了酒楼，就笔直走到他面前，冷冷地看着他，道："你就是黑玄坛赵君武？"

赵君武怔了怔，上下打量着这不僧不道不俗的怪老头，他眼力一向不错，却看不出这老头是什么来历，只好点点头，道："我就是。"

寒梅道："你知道我是谁？"

赵君武摇摇头，道："请教。"

寒梅道："我就是昆仑绝顶大光明境，岁寒三友中的寒梅先生，也就是西方魔教中的护法长老。"

他每个字都说得很慢，听到"岁寒三友"四个字，赵君武的脸已像是个面具忽然拉长了，听到"西方魔教"四个字，赵君武额上已冒出冷汗。

寒梅道："现在你是不是已知道我是谁？"

赵君武立刻站起来，抢步赶出，躬身道："晚辈有眼无珠，不知道仙长大驾光临……"

他还在不停地说，恨不得把所有的恭维客套话都说出来，寒梅却已转身走了，走到陆小凤面前，道："你知道他是谁？"

陆小凤道："听说过。"

寒梅说道："他的名头并不小，他的武功也不弱，见到我时，还是恭敬得很，你在我们面前却漫不为礼。"

陆小凤笑了，道："他小时候家教一定很好，家教好的人，总是比较有礼貌的！"

寒梅道："你呢？"

陆小凤道："我是个孤儿！"

寒梅道："所以你没有家教。"

陆小凤道："没有。"

寒梅道："那么你就该受点教训。"

他忽又转身，指着陆小凤问赵君武道："你知不知道这个人是谁？"

赵君武摇摇头。

寒梅道："你也不必知道，我只要你替我教训教训他。"

赵君武面有难色，苦笑道："可是在下与他素无过节，怎么能……"

寒梅打断了他的话，冷冷道："我并不打算勉强你，你可以选择，是要出手教训他？还是要我教训你？"

他一面说着话，一面从桌上拿起了个锡酒壶，随随便便地一捏一揉，酒壶就变成了一团，再轻轻一拉，就又变成条锡棍。

赵君武脸色变了，忽然一个箭步蹿过来，反手一掌，猛砍陆小凤后颈，这一着凶狠迅速，出手居然一点也不留情。

陆小凤居然连动也没有动，就这么样站在那里挨了他一掌。

左颈后有条大血管，也是人身上的要害之一，赵君武虽然没有练过内家掌力，可是一双手粗糙坚硬如岩石，这一下打得实在很不轻，陆小凤不被打死，也该立刻晕过去的。

谁知他却偏偏还是好好地站在那里，而且居然还面不改容。

赵君武脸上又冒出了汗，突然一个肘拳，用力撞在陆小凤胸腹间。

陆小凤又挨了他一拳，还是不动声色。

赵君武满头汗如落雨，他两次出手，明明都没有落空，却又偏偏像是打空了，只觉得对方整个人都像是空的，自己一拳打上去，竟连一点着力之处都没有。

他第三拳本已准备出手，拳头也已握紧，却再也没法子打得下去。

陆小凤好像还在等着挨打，等了半天，忽然看着他笑了笑，道："阁下是不是已教训得够了？"

赵君武也想勉强笑一笑，可是现在就算天上忽然有个大元宝掉在他面前，他也没法子笑得出来。

陆小凤又转过头看着寒梅笑了笑，道："现在我是不是可以走了？"

寒梅脸色也变得很难看，还没有开口，枯竹已抢着道："你请吧！"

陆小凤微笑道："谢谢。"

他拍了拍衣襟，从桌上拿起个还没有被捏扁的酒壶，对着嘴一饮而尽，大步从寒梅面前走了过去。

可是他还没有走下楼，已有个店小二奔上来，手里拿着封信，大声道："哪位是陆小凤陆大侠？"

陆小凤指指自己的鼻子,带着笑道:"我就是陆小凤,却不是大侠,大侠只会揍人,不会挨揍!"

他脸上还带着笑,并没有生气,因为他知道世界上欺善怕恶的人很多,比赵君武更糟十倍的人却有不少,这本就是人性中弱点之一。

他热爱人类,热爱生命,对这种事他通常都很容易就会原谅的。

可是等他看完了这封信之后,却真的生气了,不但生气,而且着急。

> 小凤大侠吾兄足下:前蒙宠赐屁眼一枚,愧不敢当,只因无功不敢受禄,已转赠静静陈姑娘,又恐吾兄旅途不便,阿堵物若干两,弟也已代为运走,专此奉达,谨祝大安!

下面的具名,赫然又是"飞天玉虎"。

陆小凤在看着这封信的时候,岁寒三友却在看着他。

他们也很吃惊,因为他们从来也没有想到,陆小凤的脸色也会变得这么可怕。

所以陆小凤冲出去的时候,他们也跟着冲了出去,只留下赵君武一个人怔在那里,脸上的表情好像恨不得马上一头撞死。

他做梦也想不到他刚才要教训的那个人,就是名满天下的陆小凤。

陆小凤虽然原谅了他,他却永远也没法子原谅自己,陆小凤虽然并没有出手,却已给了他一个很好的教训。

可是陆小凤自己也做错了一件事,他本不该离开陈静静的,更不该离开那屋子,等他赶回去时,那地方几乎已变成了一片火海。

幸好天寒地冻,到处都积着冰雪,所以火势的蔓延并不广,被波及的人家并不多，但却还是难免有很多无辜的人受到连累。

陈静静那美丽柔软的胴体，也无疑早已被烧成了一根根枯骨，一片片飞灰。

陆小凤来的时候，已来迟了。

烈火烤红了他的脸，烤红了他的眼睛，他的手脚却是冰冷的，心也是冰冷的。

巷子里一片混乱，男人们在奔跑叱喝着救火，女人们在尖叫，孩子们在啼哭，他们过的本是简朴平静的生活，从没有伤害到任何人，可是现在却无缘无故地受到伤害。

陆小凤忽然转身，瞪着寒梅，厉声道："你看见了没有？"

寒梅道："看见了什么？"

陆小凤道："这就是你造成的灾祸，你自己难道看不见？"

寒梅闭上了嘴，心里显然也不太好受。

陆小凤道："现在你是不是还想看看我的功夫？"

寒梅道："刚才我已看过。"

陆小凤道："刚才那只不过是挨揍的功夫，你想不想看看我揍人的功夫？"

这是挑战。

他从未向任何人这么样挑战过，他的态度虽然冷静如磐石，可是这种残酷的冷静，却使得他的愤怒更可怕。

极端的冷静，本就是愤怒的另一种面具。

寒梅沉着脸，在闪动的火光下看来，他脸色也是苍白的，连嘴唇都已发白。

从来没有人敢这么样面对面地向他挑战。

他并不怕这个年轻人，他从来也没有怕过任何人，可是这一瞬间，他却忽然感觉到一种从来未有过的紧张，紧张得连呼吸都已停顿！

因为他一直都是站在上风的，他已习惯于用自己的声名和地位去压迫别人，现在，他却第一次感觉到别人给他的压力。

陆小凤的压力又来了："你想不想看？"

寒梅还没有开口，枯竹忽然道："他不想！"

孤松立刻接着道："他唯一想看的，就是罗刹牌，我也一样。"

他挡在陆小凤面前，让枯竹拉走了寒梅，才慢慢地接着道："所以你绝不能让我们失望！"

他没有转身，只是面对着陆小凤向后退，然后袍袖一挥，身形倒掠，忽然就看不见了。

陆小凤没有动，没有拦阻，过了很久才轻轻地吐出一口气。

他忽然发觉自己对这三个人已退让得太久，现在已应该让他们退一退了。

这是他第一次还击，虽然没有使剑出来，却已赢得了胜利。

可是他也知道，他们绝不会退得很远的，等到他们再逼过来时，会造成什么样的结果？

陆小凤没有想下去！

火还没有灭，他绝不能就这么样站在这里看着，纵然有很多问题需要他去想，也可以等到以后再说，现在他一定要先去救火。

他卷起衣袖，从别人手上抢过一桶水，跃上隔壁的墙头，往火头上浇了下去。

他的动作当然比别人快得多，一个人出的力量至少可以抵得十五个人，可是旁边另外还有个人，动作居然也并不比他慢多少，甚至比他更卖力，有一次竟跃上已被火烧毁了的危墙，几乎葬身在火窟里。

冰雪融化，打湿了易燃的木料，再加上大家同心合力，火势很快就被遏阻，终于灭了。

陆小凤总算松了口气，用衣袖抹了抹汗，只觉得已有很久未曾这么样舒服过。

旁边有个人在喘息着,带着笑道:"你一共提了七十三桶水,我只比你少六桶。"

陆小凤抬起头,才发现这个跟他并肩救火的人,竟是"黑玄坛"赵君武!

赵君武笑得很开朗,道:"我刚才差点想一头撞死,可是现在却只想再活几年,活得愈长愈好。"

陆小凤微笑着,没有问为什么,因为他知道答案。

假如你自己也觉得自己是个有用的人,就绝不会想死的,因为你的生命已有了价值,你就会觉得它可贵可爱。

假如你真正全心全意地去帮助过别人,就一定会明白这道理,因为只要你肯去帮助别人,就一定是个有用的人。

陆小凤微笑着拍了拍赵君武的肩,道:"我知道你刚才比谁都卖力,你揍我的时候,假如也这么卖力,我就吃不消了!"

赵君武红着脸笑道:"我揍人的时候绝不会这么出力的,因为揍人并不是件愉快的事,同时我又怕手疼!"

两个人同时大笑,然后才发现他们四周已围满了人,站在那里陪着他们笑,每个人眼睛里都充满了欣慰、敬佩和感激。

一个梳着两条长辫子的小女孩,忽然冲出来,拉住了他们的手,在他们手心里塞了块冰糖,红着脸道:"这是我最喜欢吃的,可是我情愿让你们吃,因为你们都是好人,我长大了也要跟你们一样,别人家里着了火,我也会帮着去救的!"

陆小凤轻抚着她的头发,想说话,咽喉里却像是被塞住了。

赵君武看着她,几乎连眼泪都掉了下来,只觉得自己刚才就算真的被火烧死,也是值得的。

就在这时,忽然有个小小的黑脑袋,从旁边一条又脏又窄的阴沟里钻出来，指着陆小凤大声道："他不是好人，他骗我，阿姨没有糖给我吃！"

一个小小的黑人从阴沟里爬出来，竟是那傻头傻脑的脏小孩。

他居然还没有死，也许并不是因为他运气好，只因为他的愚笨无知，除了他之外，无论大人小孩都不会把自己塞进这么脏的阴沟里。

可是他有眼睛，而且刚才也在陈静静屋里，现在他已是唯一能说出当时情况来的人！

陆小凤眼睛亮了，立刻迎上去，这孩子能不能把那凶手的样子指叙出来？他虽然没有把握确定，但希望总是有的。

忽然间，人丛中有人大叫道："他虽然帮着救火，放火的也是他，大家莫要上了他的当。"

几个人大叫着冲出来，往陆小凤身上扑过去，情况立刻混乱，虽然有人坚决不信，有的人已在怀疑，有几个房子已被烧光了的人，更是不分青红皂白，也往陆小凤身上扑。

他们本就是些头脑简单的小人物，看见自己的家被毁了，早已眼睛发红，想找人拼命。

陆小凤并不怪他们，更不愿对他们出手，幸好有赵君武在旁边挡着，他虽然挨了几拳，总算还是冲了出去，可是那脏小孩却已不见了。

阴沟旁边还留着几个水淋淋的脏脚印，火窟里还在冒着青烟。

陆小凤咬了咬牙，忽然又冲进火窟。

赵君武旗下的镖师趟子手们，也已赶来压住暴乱的人群，赵君武又以自己的身份保证，陆小凤刚才一直跟他在一起，骚动平息，再问刚才第一个大叫的人是谁，就没有人知道了。

这时陆小凤居然还留在那滚烫的火窟里，也没有人知道他在找什么。

02

"你刚才在找什么？"

他们一离开火场，赵君武就忍不住问他，陆小凤却没有回答。

他眼睛里一直带着种很奇怪的表情，也不知道是正在思索着一个难题，还是已经把这难题想通了。

赵君武没有再问下去，也开始思索，忽然又道："刚才冤枉你的那个人，一定就是放火的人，想要你替他背黑锅。"

陆小凤又沉默了很久，才缓缓道："他们并不是要我背黑锅，而是要灭口。"

赵君武道："灭谁的口？从阴沟里爬出来的那个傻小子？"

陆小凤点点头。

赵君武皱眉道："那么样一个傻小孩，能懂得什么？"

陆小凤叹了口气，道："他们本来的确不必这么样的！"

赵君武也叹了口气，道："不管怎么样，事情总算已过去，咱们喝酒去！"

陆小凤道："你要我陪你喝酒，恐怕要等一等！"

赵君武道："为什么？"

陆小凤握紧双拳，缓缓道："不找到飞天玉虎，我从此绝不再喝一滴酒。"

赵君武道："我能不能帮上你的忙？"

陆小凤道："能！"

赵君武道："你说！"

陆小凤道："这一带你比我熟，你……"

他声音忽然压得很低，好像生怕别人听见，因为他已发现飞天玉虎的势力所及处，远比他以前想象中还要大得多。

等他说完了，赵君武立刻道："这件事我一定替你做到，有了消息后，怎么通知你？"

陆小凤道："你有没有到银钩赌坊去赌过钱？"

赵君武笑道："不但去过，而且还跟那大胡子赌过钱，居然还赢了他几百两银子！"

陆小凤道："半个月之后，我们在那里见面，先到的先等，不见不散。"

赵君武看着他，忽然道："谢谢你。"

陆小凤笑了，道："我要你替我做事，我没有谢你，你反而谢我？"

赵君武道："就因为你没有谢我，所以我才要谢你！"

陆小凤道："为什么？"

赵君武眼睛里发着光，道："因为我知道你一定已把我当作朋友！"

朋友！这两个字多么光荣！多么美丽！

你若也想和陆小凤一样，受人爱戴尊敬，就一定要先明白一件事。

——真正能令人折服的力量，绝不是武功和暴力，而是忍耐和爱心。

这并不是件容易事，除了广阔的胸襟外，还得要有很大的勇气！

03

屋子里布置得幽雅而干净，雪白的窗纸还是新换上的，窗外天气晴朗，阳光灿烂，窗台上摆着水仙和腊梅，丁香姨居然已能坐起来了，苍白的脸上已有了红晕，就像是一朵本已枯萎的花朵，忽然又有了生命。

这一切都是非常令人愉快的事，陆小凤的心情显然也比前几天好了些！

"我答应过你，我一定会再来看你！"

"我知道！"丁香姨脸上居然露出温暖的微笑，"我知道你一定会来的！"

她斜倚在床上，床上铺着刚换过的被单，她身上穿着温暖舒服的宽袍，袍子很长，袖子也很长，掩住了她的断足和断腕。

阳光穿过雪白的窗纸照进来，她看来还是那么美丽。

陆小凤微笑道："我还带了样东西来！"

丁香姨眼睛里发出了光，失声道："罗刹牌？"

陆小凤点点头，道："我答应过你的事，一定会做到，我没有骗你！"

丁香姨眨眨眼，道："难道我又骗了你？"

陆小凤拉过张椅子坐下，道："你告诉我，陈静静是你的好朋友，我可以信任她！"

丁香姨承认。

陆小凤道："她真的是你的好朋友？你真的能信任她？"

丁香姨转过头，避开了他的目光，呼吸忽然变得急促，仿佛在勉强控制着自己，过了很久，还是忍不住说出了真心话："她是个婊子！"

陆小凤笑了："可是你却要我去信任一个婊子！"

丁香姨终于回过头，勉强笑了笑，道："因为我是个女人，女人岂非总是常常会叫男人去做一些她自己不愿做的事？"

这理由实在不够好，陆小凤却似乎已很满意，因为她是个女人，你若要女人讲理，简直就好像要骆驼穿过针眼一样困难。

丁香姨忽又问道："她是不是真的已死了？"

陆小凤道："嗯！"

丁香姨轻轻吐出口气，脸上的表情就像刚才吐出口浓痰。

陆小凤盯着她，忽然问道："你怎么知道她已经死了？"

丁香姨又转过头，轻轻咳嗽了两声，才缓缓道："我并不知道，只不过这么样猜想而已。"

陆小凤道："你怎么会这样想的？"

丁香姨道："你刚才既然那么样问我，可见她一定做了很多对不起你的事，对不起你的人，岂非总是活不长的？"

这解释更不够好，陆小凤居然也接受了。"不管怎么样，我总算已要回了罗刹牌，总算没有白走一趟。"

听到"罗刹牌"三个字，丁香姨眼睛里又发出了光，看着陆小凤的手伸进衣襟里，看着他拿出了这块玉牌，眼睛里忽又流下泪来。

陆小凤了解她的心情。

就为了这块玉牌，她不惜毁了自己的家，毁了自己一生的幸福，连自己的人都变成了残废！

这块玉牌纵然是无价之宝，可是幸福的价值岂非更无法衡量？

她这么样做是不是值得？现在她是不是已经在后悔？

陆小凤也不禁叹息，道："假如这是我的，我一定送给你，可是现在……"

丁香姨打断了他的话，道："我明白你的意思，你用不着解释，现在你就算送给我，我也没有用了。"她的泪又流下，慢慢地接着道："现在我只要能看看它，摸摸它，就已心满意足了！"

她已没有手，这块她不惜牺牲一切来换取的玉牌，虽然就在她面前，她却没法子伸手来拿了，这种痛苦岂非已不是任何人所能忍受的，可是她却偏偏只有忍受。

陆小凤又不禁叹息，勉强笑道："我把它放在你身上好不好？你至少可以看得清楚些。"

丁香姨点点头，看着陆小凤把那块玉牌放在她的胸膛上，含泪的眼睛里忽然露出种谁也无法解释的表情，也不知是感激？是欣慰？还是悲伤？

阳光满窗，玉牌的光泽柔和而美丽，甚至还是温暖的。

丁香姨垂下头，用嘴唇轻吻，就像是在轻吻着初恋的情人。

"谢谢你，谢谢你……"

她反反复复不停地说着，用两只断腕，夹起了玉牌，贴着自己的脸。

陆小凤不忍去看她，他记得她的手本来是纤细而柔美的，指甲上总是喜欢染上一层淡淡的玫瑰花汁，使得她的手看来也像是朵盛开的玫瑰。

可是现在玫瑰已被无情的手摘断了，只剩下一根光秃丑陋的枯枝。

玫瑰断了，明年还会再生，可是她的手……

陆小凤站起来，转过身，突听"噗"的一声，一样东西穿破窗户，飞了出去，接着，又是"嗤"的一响，一样东西穿破窗户，飞了进来。

他立刻回头，丁香姨用两只断腕夹着的玉牌已不见了，心口上却有一股鲜血泉水般涌了出来。

她嫣然的面颊又已变为苍白,眼角和嘴角在不停地抽动,看来仿佛是在哭,又仿佛是在笑。

就算是笑,那也是一种无可奈何的、凄凉痛苦的笑,一种甚至比哭还悲哀的笑。

她看着陆小凤,发亮的眼睛也变成死灰色,挣扎着:"你……你为什么不追出去?"

陆小凤摇摇头,脸上只有同情和怜悯,连一点惊讶愤怒之意都没有。

丁香姨这么样的结果,竟好像早已在他意料之中,过了很久,他才黯然道:"你是不是又被人骗了?"

丁香姨的声音更微弱,道:"我骗了你,他却骗了我,每个人好像都命中注定了要被某一种人骗的,你说对不对,对不对?……"

她说得很轻、很慢,声音里已不再有悲伤和痛苦。

在临死前的一瞬间,她忽然领悟到一种既复杂、又简单,既微妙、又单纯的哲理,忽然明白人生本就是这样子的。

然后她的人生就已结束。

一个人为什么总是要等到最后的一瞬间,才能了解到一些他本来早已了解的事?

第十章

重回赌坊

01

夜，冬夜。

黑暗的长巷里，静寂无人，只有一盏灯。

残旧的白色灯笼，几乎已变成死灰色，斜挂在长巷尽头的窄门上，灯笼下，却挂着一个发亮的银钩，就像是渔人用的钓钩一样。

银钩不住地在寒风中摇荡，风仿佛是在叹息，叹息世上为何会有那么多愚昧的人，愿意被钩上这个银钩？

方玉飞从阴暗潮湿的冷雾中，走进了灯光辉煌的银钩赌坊，脱下了白色的斗篷，露出了他那件剪裁极合身，手工极精致的银缎子衣裳。

每天这时候，都是他心情最愉快的时候，尤其是今天。

因为陆小凤已回来了，陆小凤一向是他最喜欢、最尊敬的朋友。

陆小凤自己当然更愉快，因为他已回来了，从荒寒的冰国回来了。

布置豪华的大厅里，充满了温暖和欢乐！

酒香中，混合着上等脂粉的香气，银钱敲击，发出一阵阵清脆悦耳的声音，世间几乎已没有任何一种音乐能比这种声音更动听。

陆小凤喜欢听这种声音。

就像世上大多数别的人一样，他也喜欢奢侈和享受。

尤其是现在。

经过了那么长一段艰辛的日子后，重回到这里，他就像一个迷了路的孩子，又回到温暖的家，回到母亲的怀抱。

这次他居然还能好好地活着回来，实在不是件容易事。

他刚洗了个热水澡，换了身新衣服，下巴上的假胡子、眼角的假皱纹、头发上的白粉，全都已被他洗得干干净净。

现在他看来是容光焕发，精神抖擞，连他自己都对自己觉得满意。

大厅里有几个女人正用眼角偷偷地瞟着他，虽然都已徐娘半老，陆小凤却还是对她们露出了最动人的微笑。

只要是能够让别人愉快的事，对他自己又毫无损失，他从来也不会拒绝去做的。

看见他的笑容，就连方玉飞都很愉快，微笑着道："你好像很喜欢这地方？"

陆小凤道："喜欢这地方的人，看来好像愈来愈多了。"

方玉飞道："这地方的生意的确愈来愈好，也许只不过是因为现在正是大家都比较悠闲宽裕的时候，天气又冷，正好躲在屋子里赌钱喝酒！"

陆小凤笑道："是不是也有很多女人特地为了来看你的？"

方玉飞大笑。

他的确是个很好看的男人，仪容修洁，服装考究，身材也永远保持得很好，虽然有时显得稍微做作了些，却正是一些养尊处优的中年女人们，最喜欢的那种典型。

陆小凤压低声音，又道："我想你在这地方一定钓上过不少女人！"

方玉飞并不否认，微笑道："经常到赌场里来赌钱的，有几个是正经人？"

陆小凤道："开赌场呢？是不是也……"

他声音忽然停顿，因为他已看到一个人，手里拿着把尖刀，从后面扑过来，一刀往方玉飞的左腰刺了过去。

方玉飞却没有看见，他背后并没有长眼睛。

陆小凤看见的时候也已迟了，这个人手里的刀，距离方玉飞的腰已不及一尺。

这正是人身的要害，一刀就可以致命，连陆小凤都不禁替他捏了把冷汗。

谁知就在这时，方玉飞的腰突然一拧，一反手，就刁住了这个人握刀的腕子，"叮"的一声，尖刀落地！

拿刀的人破口大骂，只骂出了一个字，嘴里已被塞住，两条大汉忽然出现在他身后，一边一个，一下子就把他架了出去。

方玉飞居然还是面不改色，微笑道："这地方经常都会有这种事的！"

陆小凤道："你知不知道他为什么要杀你？"

方玉飞淡淡道："反正不是因为喝醉了，就是因为输急了！"

陆小凤笑了笑，道："也许他只不过因为气疯了！"

方玉飞道："为什么？"

陆小凤道："因为你给他戴了顶绿帽子！"

方玉飞又大笑。

在他看来，能给人戴上顶绿帽子，无疑是件很光荣、很有面子的事，无论谁都不必为这种事觉得惭愧抱歉的。

陆小凤看着他，就好像第一次才看见这个人。

刚才的事发生得很突然，却还是引起了一阵小小的骚动，尤其是靠近他们的几张赌桌，大多数人都已离开了自己的位子，在那里窃窃私议，议论纷纷。

只有一个人还是动也不动地坐在那里，盯着自己面前的两张牌九出神，看来他在这副牌九上，不是赢了一大注，就是输了不少。

这人头戴着貂皮帽，反穿着大皮袄，还留着一脸大胡子，显然是个刚从关外回来的采参客，腰上的褡裢里装满了辛苦半年换来的血汗钱，却准备在一夜之间输出去。

方玉飞也压低声音，道："看样子你好像很想过去赢他一票。"

陆小凤笑道："只有赢来的钱花起来最痛快，这种机会我怎么能错过？"

方玉飞道："可是我妹夫已在里面等了很久，那三个老怪物听说也早就来了！"

陆小凤道："他们可以等，这种人身上的钱却等不得，随时都可能跑光的！"

方玉飞笑道："有理！"

陆小凤道："所以你最好先进去通知他们，我等等就来！"

他也不等方玉飞同意，就过去参加了那桌牌九，正好就站在那大胡子参客的旁边，微笑道："除了押庄的注之外，我们两个人自己也来赌点输赢怎么样？"

大胡子立刻同意，道："行，我赌钱一向是愈大愈风凉，你想赌多少？"

陆小凤道："要赌就赌个痛快，赌多少我都奉陪！"

方玉飞远远地看着他们，微笑着摇了摇头，忽然觉得自己一双手也痒了起来。

等他绕过这张赌桌走到后面去，陆小凤忽然在桌子下面握住了这大胡子的手——

02

蓝胡子正在欣赏自己的手。

他的手保养得很好,指甲修剪得很干净,手指长而秀气。

这是双很好看的手,也无疑是双很灵敏的手。

他的手就摆在桌上,方玉香也在看着,甚至连孤松、枯竹、寒梅,都在看着。

他们看着的虽然是同样一双手,心里想着的却完全不同。

方玉香也不能不承认这双手的确很好看、很干净。

但是却又有谁知道,这双看来干干净净的手,已做过多少脏事?杀过多少人?脱过多少女孩子的衣服?

她的脸微微发红,她又想起了这双手第一次脱下她的衣服,在她身上轻轻抚摸时那种感觉,连她自己都分不出那究竟是种什么样的感觉?

岁寒三友正在心里问自己:除了摸女人和摸牌之外,这双手还能干什么?

这双手看来并不像练过武功的样子,可是陆小凤的手岂非也不像?

蓝胡子自己又在想什么呢?他的心事好像从来也没有人能看透过。

方玉飞已进来了很久,忍不住轻轻咳嗽,道:"人已来了!"

方玉香道:"人在哪里?为什么没有进来?"

方玉飞微笑道:"因为他恰巧看见了一副牌九,又恰巧看见了一个油水很足的冤大头!"

喜欢赌的人,若是同时看见这两件事,就算老婆正在生第一胎孩子,他也会忘得干干净净的。

寒梅冷笑道："原来他不但是个酒色之徒，还是个赌鬼！"

方玉飞道："好酒好色的人，不好赌的恐怕还不多。"

方玉香瞪了他一眼，冷冷道："你当然很了解这种人，因为你自己也一样。"

方玉飞叹了口气，道："天下乌鸦一般黑，我们男人本来就没有一个好东西！"

这本是女人骂男人的话，他自己先骂了出来。

方玉香也笑了，她显然是个好妹妹，对她的哥哥不但很喜欢，而且很亲热。

蓝胡子忽然问道："那冤大头是个什么样的人？"

方玉飞道："是个从关外来的采参客，姓张，叫张斌。"

蓝胡子道："这人是不是还留着一嘴大胡子？"

方玉飞道："不错！"

蓝胡子淡淡道："胡子若是没有错，你就错了！"

方玉飞道："我什么地方错了？"

蓝胡子道："你什么地方错了，这人既不是采参客，也不叫张斌！"

方玉飞道："哦！"

蓝胡子道："他是个保镖的，姓赵，叫赵君武！"

方玉飞想了想，道："是不是那个'黑玄坛'赵君武？"

蓝胡子道："赵君武只有一个！"

方玉飞道："他以前到这里来过没有？"

蓝胡子道："经过这里的镖客，十个中至少有九个来过！"

方玉飞道："他以前既然正大光明地来过，这次为什么要藏头露尾？"

蓝胡子道："你为什么不问他去？"

方玉飞不说话了，眼睛却露出种奇怪的表情。

这时候蓝胡子的手已摆下去，孤松的手却伸了出来。

陆小凤总算来了。

孤松伸着手道："拿来。"

陆小凤笑了笑，道："你若想要钱，就要错时候，我恰巧已经把全身上下的钱都输得干干净净！"

孤松居然没有生气，淡淡道："你本来好像是想去赢别人钱的！"

陆小凤叹了口气，苦笑道："就因为我想去赢别人的钱，所以才会输光，输光了的人，一定都是想去赢别人钱的！"

孤松冷笑道："难道你把罗刹牌也输了出去！"

陆小凤道："罗刹牌假如在我身上，我说不定也输了出去！"

孤松道："难道罗刹牌不在你身上？"

陆小凤道："本来是在的！"

孤松道："现在呢？"

陆小凤道："现在已经不见了！"

孤松看着他，脸上一点表情也没有，瞳孔却已突然收缩。

陆小凤却又笑了笑，道："罗刹牌虽然不见了，我的人却还没有死！"

孤松冷冷道："你为什么不去死！"

陆小凤道："因为我还准备去替你把罗刹牌找回来！"

孤松又不禁动容，道："你能找得回来？"

陆小凤点点头，道："假如你一定想要，我随时都可以去找，只不过……"

孤松道："不过怎么样？"

陆小凤道："我劝你还是不要的好，要回来之后，你一定会更生气！"

孤松道:"为什么?"

陆小凤道:"因为那块罗刹牌也是假的!"

蓝胡子的手又摆到桌上来,孤松的手也摆在桌上。

他们是不是想用这双手扼断陆小凤的脖子?

陆小凤叹了口气,道:"我一共已找到两块罗刹牌,只可惜两块都是假的!"

大家都在听着,等着他解释。

陆小凤道:"第一次我是从冰河里找出来的,我们姑且就叫它冰河牌,第二次我是用马鞭从人家手里抢来的,我们不妨就叫它神鞭牌,因为人家都说我那手鞭法蛮神的!"

孤松道:"神鞭牌本是李霞盗去的,被陈静静用冰河牌换走,又落入你手里!"

陆小凤道:"完全正确!"

孤松道:"它绝不可能是假的!"

陆小凤叹道:"我也觉得它绝不可能是假的,但它却偏偏是假的!"

孤松冷笑道:"你怎么能看得出罗刹牌的真假?"

陆小凤道:"我本来的确是看不出的,却偏偏又看出来了!"

孤松道:"怎么样看出来的?"

陆小凤道:"因为我恰巧有个朋友叫朱停,神鞭牌也恰巧是他做出来的赝品!"

孤松道:"你说的是不是那个外号叫'大老板'的朱停?"

陆小凤道:"你也知道他?"

孤松道:"我听说过!"

陆小凤道:"这人虽然懒得出奇,却是个不折不扣的天才,无论什么稀奇古怪的东西,他都能做得出,伪造书画玉石的赝品,更是天下第一把好手。"

说起朱停这个人,他脸上就不禁露出了微笑。

朱停不但是他的朋友,还是他的好朋友,在丹凤公主那次事件中,若不是朱停,直到现在他只怕还被关在青衣楼后面的山洞里。

陆小凤又叹了口气,苦笑道:"假如不是他,我现在也不会有这么多麻烦了,他替我惹的麻烦,简直比我所有的朋友加起来都多!"

孤松道:"他也是你的朋友?"

陆小凤道:"嗯!"

孤松道:"那神鞭牌是谁要他假造的?你去问过他没有?"

陆小凤道:"没有!"

孤松道:"为什么?"

陆小凤道:"我跟他至少已经有两年没说过话了。"

孤松道:"他跟你是朋友,彼此却不说话?"

陆小凤苦笑道:"因为他是个大混蛋,我好像也差不多。"

孤松冷笑道:"若有人相信你的话,那人想必也是个混蛋!"

陆小凤道:"你不信?"

孤松道:"无论那神鞭牌是真是假,我都要亲眼看看。"

陆小凤道:"我说过,假如你一定要看,我随时都可以替你找回来!"

孤松道:"到哪里去找?"

陆小凤道:"就在这里!"

孤松动容道:"就在这屋子里?"

陆小凤道:"现在也许还不在,可是等我吹熄了灯,念起咒语,等灯再亮的时候,那块玉牌就一定已经在桌子上。"

蓝胡子笑了,方玉飞也笑了。

这种荒谬的事,若有人相信才真是活见了鬼。

方玉香也忍不住笑道:"你真的认为有人会相信你这种鬼话?"

陆小凤道:"至少总有一个人会相信的!"

方玉香道:"谁?"

孤松忽然站起来,吹熄了第一盏灯,道:"我。"

屋子里点着三盏灯,三盏灯已全都灭了,这密室本就在地下,灯熄了之后,立刻就变得伸手不见五指。

黑暗中,只听陆小凤嘴里念念有词,好像真的是在念着某种神秘的魔咒,可是仔细一听,却好像是在反反复复地说着几个地名:

"老河口,同德堂,冯家老铺,冯二瞎子……"

不管他念的是什么,他的声音听起来都显得神秘而怪异。

大家只听得彼此间心跳的声音,有一两个人心跳得愈来愈快,竟像是真的已开始紧张起来,只可惜屋子里实在太黑,谁也看不见别人脸上的表情,也猜不出这个人是谁?

这人的心跳得愈来愈快,陆小凤的咒语也愈来愈快,反反复复,也不知念了多少遍,忽然大喝一声,道:"开!"

火光一闪,已有一盏灯亮起!

灯光下竟真的赫然出现了一块玉牌。

03

在灯光下看来，玉牌的光泽柔美而圆润，人的脸却是苍白的，白里透青。

每个人的脸色都差不多，每个人眼睛里都充满了惊奇。

陆小凤得意地微笑着，看着他们，忽然道："现在你们是不是已全都相信了我的鬼话？"

方玉香叹了口气，道："其实我本就该相信你，你这个人本来就是个活鬼。"

孤松冷冷道："但这块玉牌却不是鬼，更不是活的，绝不会自己从外面飞进来。"

陆小凤道："当然不会！"

孤松道："它是怎么来的？"

陆小凤笑了笑，道："那就不关你的事了，你若问得太多，它说不定又会忽然飞走的！"

它当然绝不会自己飞走，正如它不会自己飞来一样，但是孤松并没有再问下去。

这就是他所要的，现在他已得到，又何必再问得太多？

他凝视着桌上的玉牌，却一直都没有伸手，连碰都没有去碰一碰。

这块玉牌从玉天宝手里交给蓝胡子，被李霞盗走，又被陈静静掉了包，再经过楚楚、陆小凤和丁香姨的手，最后究竟落入了谁手里？

在灯光下看来，它虽然还是晶莹洁白的，其实却早已被鲜血染红，十个人的血，十条命，他们的牺牲是不是值得？

孤松忽然长长叹了口气，道："那些人未免死得太冤了。"

蓝胡子道："哪些人？"

孤松道："那些为它而死的人！"

蓝胡子道："这块玉牌究竟是真是假？"

孤松道："是假的！"

他慢慢地接着道："这上面的雕刻，的确可以乱真，但玉质却差得很多！"

蓝胡子沉默了很久，转过头，凝视着陆小凤，道："这就是你从楚楚手里夺走的？"

陆小凤点点头。

蓝胡子也叹了口气，黯然道："她还年轻，也很聪明，本来还可以有很好的前途，但却为了这块一文不值的赝品牺牲了自己，这又是何苦？"

陆小凤道："她这么样做，只因为她从未想到这块玉牌是假的。"

蓝胡子同意。

陆小凤道："她是个很仔细的人，若是有一点怀疑，就绝不会冒这种险。"

蓝胡子也同意："她做事的确一向很仔细。"

陆小凤道："这次她完全没有怀疑，只因为她知道这块玉牌的确是李霞从你这里盗走的，当时她很可能就在旁边看着。"

蓝胡子叹道："但陈静静却忘了李霞也是个很精明仔细的女人。"

陆小凤道："你认为是李霞把罗刹牌盗走的？"

蓝胡子道："你难道认为不是？"

陆小凤道："我只知道丁香姨和陈静静都是从小跟着她的，没有人能比她们更了解她，她们对她的看法，当然绝不会错。"

蓝胡子道："她们对她是什么看法？"

陆小凤道:"除了黄金和男人之外,现在她对别的事都已不感兴趣,更不会再冒险惹这种麻烦。"

蓝胡子道:"难道李霞盗走的罗刹牌,就已是假的?"

陆小凤道:"不错。"

蓝胡子道:"那么真的呢?"

陆小凤笑了笑,忽然问道:"碟子里有一个包子、一个馒头,我吃了一个下去,包子却还在碟子里,这是怎么回事?"

蓝胡子也笑了,道:"你吃下去的是馒头,包子当然还在碟子里。"

陆小凤道:"这道理是不是很简单?"

蓝胡子道:"简单极了。"

陆小凤道:"李霞盗走的罗刹牌是假的,陈静静换去的也是假的,真罗刹牌到哪里去了?"

蓝胡子道:"我也想不通。"

陆小凤又笑了笑,道:"其实这道理也和碟子里的包子同样简单,假如你不是忽然变笨了,也应该想得到的。"

蓝胡子道:"哦?"

陆小凤淡淡道:"别人手里的罗刹牌,既然都是假的,真的当然在你手里。"

蓝胡子笑了。

他是很温文、很秀气的人,笑声也同样温文秀气。

可是他笑的时候,从来也没有看过别人,总是看着自己的一双手。

这双手是不是也和桌上的玉牌一样?看来虽洁白干净,其实却满布着血腥。

陆小凤道:"你故意制造个机会,让李霞偷走一块假玉牌……"

蓝胡子微笑着打断了他的话，道："我为什么要这样做？"

陆小凤道："这正是你计划中最重要的一个关键，李霞中计之后，你的计划才能一步步实现。"

桌上有酒。

蓝胡子斟满一杯，用两只手捧住，让掌心的热力慢慢地把酒温热，才慢慢地喝下去。

他的每一个动作都很优雅，神情更悠闲，就像正在听人说一个有趣的故事。

陆小凤道："你早已对李霞觉得憎恶厌倦，因为她已老了，对男人又需要太多，你正好趁这个机会，让她自己走得远远的，而且永远不敢再来见你，这就是你计划的第一步。"

蓝胡子浅浅地啜了一口酒，叹息着道："好酒。"

陆小凤道："你知道李霞和丁香姨的关系，算准了李霞一定会去找丁香姨的，这也是你计划中的一步，因为你早就在怀疑她对你不忠，正好趁这个机会试探试探她，找出她的奸夫来。"

蓝胡子又笑了，道："我为什么要试探她，她不是我的妻子。"

陆小凤也笑了笑，道："她不是？"

蓝胡子道："她的丈夫是飞天玉虎，不是我。"

陆小凤盯着他，一字字道："飞天玉虎是谁呢？是不是你？"

蓝胡子大笑，就好像从来也没有听过这么好笑的事，笑得连酒都呛了出来。

陆小凤却不再笑，缓缓道："飞天玉虎是个极有野心的人，和西方魔教势不两立，可是这次他并没有参加来争夺罗刹牌，因为他早已知道别人争夺的罗刹牌是假的。"

蓝胡子还在笑，手里的酒杯却突然"咯"的一响，被捏得粉碎。

陆小凤道："丁香姨并不知道飞天玉虎就是蓝胡子，因为她看见的蓝胡子是个满脸胡子的大汉,她从来没有怀疑到这一点,因为她跟大多数人一样,认为蓝胡子当然是有胡子的,否则为什么叫作蓝胡子?"

他冷冷地接着道:"知道你这秘密的,也许只有方玉香一个人,就连她都可能是过了很久以后才发现的,所以最近找到这里来。"

方玉香脸上一点表情也没有,慢慢地站起来,从后面的柜子里取出个金杯,用一块洁白的丝巾擦干净了,才为蓝胡子斟了一杯酒。

蓝胡子轻轻握了握她的手,目光竟忽然变得温柔了起来。

陆小凤道:"你用蓝胡子的身份作掩护,本来很难被人发现,她找来之后,你本可杀了她灭口,但你却不忍心下手,因为她实在很迷人,你怕她争风吃醋,泄露了你的秘密,只好把另外的四个女人都赶走。"

方玉飞一直站在旁边,静静地听着,连寒梅和枯竹都没有开口,他当然更没有插嘴的余地。

但是现在他却忽然问出句不该问的话:"既然你也承认他用蓝胡子的身份作掩护,是个很聪明的法子,你又是怎么发现的?"

蓝胡子的脸色骤然变了,方玉飞问出这句话,就无异已承认他也知道蓝胡子和飞天玉虎本是同一个人。

陆小凤却笑了,淡淡道:"无论多周密的计划,都难免会有些破绽。"

方玉飞道:"哦?"

陆小凤道:"他本不该要你和方玉香去对付丁香姨,丁香姨若不是他的妻子,他绝不会叫你去下那种毒手,更不会去管别人这种闲事。"

方玉飞目中仿佛露出了痛苦之色,慢慢地垂下头,不说话了。

蓝胡子忽然冷笑:"你怎么知道是我要他去的?你怎么知道飞天玉虎不是他?"

陆小凤的回答简单而明白:"因为我是他的老朋友!"

蓝胡子也闭上了嘴。

陆小凤忽又笑了笑，道："我还有个朋友，你也认得的，好像还曾经输给他几百两银子。"

蓝胡子道："你说的是赵君武？"

陆小凤点点头，道："他见到的蓝胡子，也是个满脸胡子的大汉，别人见到的想必也一样。"

蓝胡子冷冷道："可是你见到的蓝胡子，却没有胡子。"

陆小凤微笑，道："因为你知道，有些人的眼睛里是连一粒沙子都揉不进去的，何况那一大把假胡子？"

蓝胡子道："你就是这种人？"

陆小凤道："你自己难道不是？"

蓝胡子冷笑。

陆小凤道："你不但早已看破了丁香姨的私情，也早已知道她的情人是谁，你这么样做，不但可以趁机杀了他们，还可以转移别人的目标。"

孤松忽然冷冷道："你说的别人，当然就是我？"

陆小凤道："我说的本来就是你。"

孤松道："你呢？"

陆小凤苦笑道："我只不过是个被他利用来做幌子的傀儡而已，就像是有些人猎狐时故意放出去的兔子一样。"

一个人若是把自己比作兔子，当然是因为心里已懊悔极了，无论谁发现自己被人利用了的时候，心里都不会觉得太好受的。

孤松道："兔子在前面乱跑，无论跑到哪里去，狐狸都只有在后面跟着。"

陆小凤道："你们看见他费了那么多事，为的只不过是要请我替他去找回罗刹牌，当然更不会怀疑罗刹牌还在他手里。"

孤松承认。

陆小凤道:"不管我是不是能找回罗刹牌,不管我找回的罗刹牌是真是假,都已跟他完全没关系了,因为他已经把责任推在我身上。"

孤松道:"罗刹牌若是在你手里出了毛病,我们要找的当然是你。"

陆小凤叹了口气,道:"这段路实在很远,简直就像是充军一样,我们在路上喝西北风,他却舒舒服服地坐在火炉旁等着,等到正月初七过去,就算有人能揭穿他的秘密,也只好干瞪眼了。"

孤松道:"因为那时他已经是西方罗刹教的教主。"

陆小凤道:"那时他不但是罗刹教的教主,也是黑虎帮的帮主,只可惜……"

孤松冷冷道:"只可惜现在他还不是。"

陆小凤道:"实在可惜。"

孤松道:"现在他只不过是条瓮中的鳖,网中的鱼。"

蓝胡子忽然也叹了口气,道:"实在可惜,可惜极了。"

陆小凤道:"你觉得可惜的是什么?"

蓝胡子道:"可惜我们都瞎了眼睛!"

陆小凤道:"我们?"

蓝胡子道:"我们的意思,就是我和你。"

陆小凤道:"我?……"

蓝胡子道:"只有瞎了眼的人,才会交错朋友。"

陆小凤道:"我交错了朋友?"

蓝胡子道:"错得厉害。"

陆小凤道:"你呢?"

蓝胡子道:"我比你更瞎,因为我不但交错了朋友,而且还娶错了老婆。"

"老婆"这两个字还没有说出口,他已经闪电般出手,一下扣住了方玉香的腕脉,厉声道:"拿出来!"

方玉香美丽的脸孔已吓成铁青色,道:"我又不知道真的罗刹牌在哪里,你叫我怎么拿出来?"

蓝胡子道:"我要的不是罗刹牌,是……"

方玉香道:"是什么?"

蓝胡子没有回答,没有开口,甚至连呼吸都似已停顿,就好像忽然有双看不见的手,紧紧地扼住了他的咽喉。

他那张始终不动声色的脸,也已忽然扭曲,变成了一种无法形容的惨碧色。

方玉香吃惊地看着他,道:"你……你要的究竟是什么?"

蓝胡子的嘴紧闭,冷汗已雨点般落下。

方玉香的眼睛忽然又充满了温柔和怜惜,柔声道:"我是你的妻子,无论你要什么,我都会给你的,你又何必生气?"

蓝胡子也在瞪着她,眼角突然崩裂,鲜血同时从他的眼角、嘴角、鼻孔,和耳朵里流了出来。

是鲜血,却不是鲜红的血。

他的血竟赫然也已变成惨碧色的。

他的人竟已坐都坐不住,已开始往后倒。

方玉香轻轻一挣,就挣脱了他的手,方玉飞也赶过去扶住了他。

"你怎么了?你……"

他们没有再问下去,因为他们知道死人是无法回答任何话的。

一瞬前还能出手如闪电般的蓝胡子,忽然间已变成了死人。

可是他那双凸出来的眼睛,却仿佛还在瞪着方玉香,眼睛里充满了悲愤和怨毒。

方玉香看着他,一步步往后退,晶莹的泪珠,泉水般涌下。

"你这是何苦?……你这是何苦?……"

她的声音惨切悲伤:"事情还没有到不可解决的地步,你何苦一定要自寻死路?"

屋子里没别的声音,只能听见她一个人悲伤低诉。

每个人都怔住了。

蓝胡子居然死了,这变化实在比刚才所有的变化都惊人。

奇怪的是,陆小凤并没有吃惊,甚至连一点吃惊的表情都没有。

表情最痛苦的人是孤松,他也在喃喃自语:"真的罗刹牌还在他手里,他一定收藏得很严密,这秘密一定只有他一个人知道,现在他却死了……"

陆小凤忽然道:"他死不死都无妨。"

孤松道:"无妨?"

陆小凤淡淡道:"他的秘密,并不是只有他一个人知道。"

孤松道:"还有谁知道?"

陆小凤道:"我。"

孤松霍然站起,又慢慢地坐下,神情已恢复镇定,缓缓道:"你知道他把罗刹牌藏在哪里?"

陆小凤道:"他是个阴沉而狡猾的人,狡猾的人通常都很多疑,所以他唯一真正信任的人,也许只有他自己。"

孤松道:"所以罗刹牌一定就在他自己身上?"

陆小凤道:"一定。"

孤松又霍然站起,准备冲过去。

陆小凤却又接着道:"你现在若要在他身上去找,一定找不到的。"

孤松道:"可是刚才你还说罗刹牌一定在他身上。"

陆小凤道:"刚才是刚才,现在是现在,一瞬之间,往往就会发生很多变化。"

孤松道:"所以罗刹牌刚才虽然是在他身上,现在却已不在了?"

陆小凤道:"一定不在了。"

孤松道:"现在在哪里?"

陆小凤忽然转过头,面对着方玉香,慢慢地伸出手,道:"拿出来。"

方玉香咬着嘴唇,恨恨道:"连我丈夫的命都被你拿走了,你还要什么?"

陆小凤道:"罗刹牌。"

方玉香道:"罗刹牌怎么会在我手上?况且他刚才问我要的也不是罗刹牌。"

陆小凤道:"他刚才问你要的,的确不是罗刹牌,因为那时罗刹牌还在他自己身上。"

方玉香道:"你知道他要的是什么?"

陆小凤道:"他要的是解药。"

方玉香道:"解药?"

陆小凤笑了笑,拿起蓝胡子刚喝过的金杯,道:"他一向是个很谨慎的人,任何人要毒死他都很不容易,可是这一次……"

方玉香道:"这一次他难道是被人毒死的?"

陆小凤点点头道:"这一次他会中毒,只因为他确定酒中无毒,杯上也没有毒。"

方玉香道:"那么他怎么会被毒死?"

陆小凤道:"因为他忘了一件事。"

方玉香道:"什么事?"

陆小凤道:"他忘了这金杯是你拿出来的,而且用你的丝巾擦过一遍。"

他看着掖在方玉香襟上的丝巾,慢慢地接着道:"他也忘了,酒里虽然没有毒，杯子里也没有毒，你的丝巾上却有毒。"

方玉香沉默着，过了很久，才轻轻地说道："我只想问你一句话。"

陆小凤道："我在听。"

方玉香道："我问你，像飞天玉虎这样的人，该不该杀？"

陆小凤道："该。"

方玉香道："那么就算是我杀了他，你也不该怪我。"

陆小凤道："我并没有怪你，只不过要你拿出来。"

方玉香道："拿什么？"

陆小凤道："罗刹牌。"

方玉香道："罗刹牌？我哪里有什么罗刹牌！"

陆小凤道："你本来的确没有，现在却有了。"

方玉香道："你要的就是……"

陆小凤道："就是你刚才从蓝胡子身上摸走的那一块。"

方玉香又沉默了很久，才轻轻叹了口气，道："陆小凤果然不愧是陆小凤，无论什么事都好像瞒不过你。"

陆小凤微笑，道："有时我的眼睛虽然也会瞎，幸好大多数时候都是睁开着的。"

方玉香咬着嘴唇，看看陆小凤，又看看岁寒三友，终于跺了跺脚，道："好，拿出来就拿出来，反正这鬼东西能带给人的只是噩运。"

她真的拿了出来，拿出来居然真是一块晶莹无瑕的玉牌，玉质之美，的确远在另两块玉牌之上。

这块玉牌刚落在桌上，孤松的长袖已流云般飞出。

桌上的玉牌，立刻落入了他袖中。

陆小凤微笑着，看着他，道："完璧已归，幸不辱命。"

孤松道："前嫌旧怨，就此一'璧'已勾销。"

陆小凤道："多谢。"

孤松道："多谢。"

方玉香板着脸道："现在飞天玉虎已死了，罗刹牌也已还给了你们，你们还不走？"

陆小凤道："你在赶我们走？"

方玉香咬着嘴唇道："难道你还想要什么？要我的人？"

陆小凤笑道："要当然是想要的，只不过还有个小小的问题。"

方玉香道："什么问题？"

陆小凤道："你真的是个人？"

方玉香笑了，陆小凤也笑了。

他大笑着走出去，忽又回过头，拍了拍方玉飞的肩，道："陈静静是个很聪明的女孩子，你既然喜欢她，就应该好好地对待她。"

方玉飞道："陈静静？哪个陈静静？"

陆小凤道："当然就是我们都认得的那一个。"

方玉飞道："那么你当然也应该知道，她已死在火窟里。"

陆小凤道："她没有。"

方玉飞道："没有？"

陆小凤道："火窟里的确有副女人的骸骨，却不是陈静静。"

方玉飞道："哦？"

陆小凤道："陈静静中了楚楚三枚透骨针，那女人骸骨上却连一枚都没有，你烧死她之前，难道还会先把她身上的暗器拔出来？"

方玉飞笑了笑，道："我还没有那么大的工夫。"

陆小凤道："所以死在火窟里的，绝不是陈静静。"

方玉飞笑得已有些勉强，道："死的若不是陈静静，陈静静到哪里去了？"

陆小凤道："包子既然还在碟子里，你吃下去的当然是馒头。"

方玉飞道："死在火窟里的既然不是陈静静，陈静静当然已被人带走。"

陆小凤道："我说过，这道理本来就简单极了。"

方玉飞道："你知道她是被谁带走的？"

陆小凤道："你。"

方玉飞闭上了嘴。

陆小凤道："我本来并没有怀疑到这一点的，但你却不该杀了那孩子。"

方玉飞垂下头，看着自己的手。

陆小凤道："你当然也看得出那孩子是个白痴，绝不会认出你的真面目，但你却还是要冒险杀他灭口，只因为你怕他告诉我，那个要给他糖吃的阿姨并没有死，他虽然痴呆，这一点总是看得出的。"

方玉飞道："从那时你才开始怀疑我？"

陆小凤道："所以我才到火窟去找，才发现那女人的骸骨不是陈静静。"

方玉飞道："但你却还是不能证明，陈静静是被我带走的？"

陆小凤道："所以我就托赵君武去帮我查一件事。"

方玉飞道："什么事？"

陆小凤道："那时陈静静的伤很重，你想要她活着，就得带她去求医，能救活她那种伤势的大夫并不太多。"

方玉飞道："在附近几百里之内，也许只有一个。"

陆小凤道："绝对只有一个。"

方玉飞道："老河口，同德堂，冯家老铺的冯二瞎子。"

陆小凤道："最妙的一点，就因为他是个瞎子，瞎子看不见人，当然也认不出你。"

方玉飞淡淡道："也许因为这一点，所以他才活着。"

陆小凤道："只可惜陈静静中的透骨针，是种很少有的独门暗器。"

方玉飞道："所以赵君武到那里一问，就问了出来。"

陆小凤道："由此可见，丁香姨是被你杀了的，她的情人就是你。"

方玉飞道："哦？"

陆小凤道："因为我拿给她看的玉牌，已落入你的手里，所以我刚才提起冯二瞎子，你就乖乖地交了出来。"

他微笑着，接着道："我那句咒语对别人一点用也没有，对你却是种威胁。"

方玉飞道："救人活命，并不是丢人的事，我为什么要因此受你的威胁？"

陆小凤道："因为你怕一个人知道这件事。"

方玉飞道："我……我怕谁知道！"

陆小凤笑了笑，转过头，看着方玉香。

方玉香的脸色已铁青。

陆小凤又拍了拍方玉飞的肩，微笑道："我刚才已说过，陈静静的确是个很可爱的女孩子，不但聪明美丽，而且温柔体贴，你既然冒险救了她，就应该好好待她，你说对不对？"

方玉飞道："对，对极了。"

他在微笑，陆小凤也在微笑，但两个人的笑容看来却连一点相同的样子都没有。

于是陆小凤就微笑着走出去。

方玉香忽然大声道："等一等。"

陆小凤停下。

方玉香道:"你还忘了一件事。"

陆小凤道:"哦？"

方玉香道:"你还忘了送样东西给他。"

"他"就是方玉飞。

她正在看着方玉飞,以前她看着他的时候,眼睛里总是带着甜蜜亲切的笑容,现在却连一点都没有了。

现在她的眼睛里只有痛苦、嫉妒、怨毒,一种几乎已接近疯狂的嫉恨和怨毒。

她一字一字地接着道:"你还忘了送他一个屁眼!"

04

灯蕊老了,灯光弱了。

屋子里忽然又变得死寂如坟墓。

方玉飞动也不动地站在那里,脸上一点表情都没有,可是也不知为了什么,他那张本来极英俊动人的脸,现在已变得说不出的阴森可怖。

就连方玉香都似已不敢再看他。

她又向陆小凤道:"我知道你说过,你要送给他的。"

陆小凤道:"我说过。"

方玉香道:"一定？"

陆小凤道:"一定。"

方玉香忽然笑了,疯狂般大笑,笑得连眼泪都流了出来。

她就用掖在衣襟上的丝巾去擦眼睛。

"我宁可让眼睛瞎了,也不愿看见你跟那婊子在一起。"

她在嘶声大呼,嘴角已沁出鲜血。

她就用丝巾去擦嘴。

"其实我早该明白,你一直都在利用我,但我却想不到你会真的喜欢那婊子。"

她开始咳嗽:"你一直瞒着我,只不过怕我泄露你的秘密,等到这件事一结束,我就死无葬身之地了,因为我知道你的秘密实在太多了,太多了……"

她还想再说下去,可是她的咽喉也仿佛突然被一双看不见的手紧紧扼住。

然后她美丽的脸开始扭曲,鲜血也开始流下来。

血不是鲜红的,是惨碧色的,她倒下去的时候,就恰巧倒在蓝胡子的身上。

方玉飞看着她倒下去,还是连动都没有动,脸上还是完全没有表情。

陆小凤却忍不住叹了口气,喃喃道:"有些话我本来并不想说的,只可惜……"

方玉飞忽然打断了他的话,道:"只可惜你早就在怀疑我。"

陆小凤点点头,道:"你才是真正的飞天玉虎,蓝胡子只不过也是个被你利用的傀儡而已。"

方玉飞道:"你早已知道她不是我妹妹?"

陆小凤道:"楚楚、静静,她们都是跟她在一起长大的,但却从来也没有提起过她有个哥哥!"

方玉飞道:"你很仔细。"

陆小凤道:"飞天玉虎出现的时候,你总是在附近,蓝胡子却始终没有离开过这里。"

方玉飞没有否认。

陆小凤道:"你知道罗刹牌在蓝胡子手里,就叫陈静静鼓动李霞,盗走了它,再用方玉香做饵,钓上了我,然后又利用李霞引来贾乐山,最后,还是要蓝胡子做你的替死鬼,他们的财产,当然就全变成了你的。"

方玉飞淡淡道:"你应该知道我的开销一向很大,我要养很多女人,女人都是会花钱的,尤其是聪明漂亮的女人。"

陆小凤道:"这些女人的确每一个都很聪明,但在你的眼里,她们只不过……"

方玉飞道:"只不过是一群母狗而已。"

陆小凤道:"不管怎么样,你能够利用这么多女人,本事实在不小,只可惜……"

方玉飞又打断了他的话,道:"只可惜到最后,我还是被一个女人害了。"

陆小凤道:"真正害你的,并不是方玉香。"

方玉飞道:"不是她是谁?"

陆小凤道:"陈静静。"

方玉飞道:"她……"

陆小凤道:"只有她一个人能害你,因为你只对她是真心的,若不是为了她,你怎么会泄露出那么多秘密?"

方玉飞闭上了嘴,脸上虽然还是全无表情,却已看得出他是在勉强控制自己。

陆小凤道:"就因为你还有这一点真心,所以我也给你个机会。"

方玉飞道:"什么机会?"

陆小凤道:"对你这种人,我们本不必讲什么江湖道义的,这里我们有四个人,我们若是同时出手,在一瞬间你就必死无疑。"

方玉飞没有否认。

陆小凤道:"可是现在我却愿意给你个公平决斗的机会。"

方玉飞道:"由你对我?"

陆小凤道:"不错,我对你,一对一。"

方玉飞道:"我若胜了你又如何?"

陆小凤道:"你若胜了我,我死,你走。"

方玉飞目光转向岁寒三友。

孤松冷冷道:"你若胜了他,他死,你走。"

方玉飞道:"一言为定。"

陆小凤道:"绝无反悔。"

方玉飞忽然笑了,道:"我知道你为什么要如此做。"

陆小凤道:"哦?"

方玉飞道:"因为你一心想亲手杀了我。"

陆小凤也不否认。

方玉飞微笑道:"你错了。"

陆小凤道:"我常常做错事,幸好我偶尔也会做对一次。"

方玉飞道:"你胜不了我的,只要你一出手,就必死无疑。"

陆小凤也笑了。

方玉飞道:"你的武功,我已清楚得很,你的灵犀指,用来对付我根本连一点用都没有,我却有对付你的手段。"

陆小凤微笑着,听着。

方玉飞忽然转身,等他转回来时,手上已多了副银光闪闪的手套。

手套不但有尖针般的倒刺,还带着虎爪般的钩子。

方玉飞道:"这就是我特地练来对付你的,你的手指只要沾上它一点,保证走不出三步,就得倒地而死。"

陆小凤道:"我能不能不去沾它?"

方玉飞道:"不能。"

他悠然接着道:"用手指去夹别人的武器,已成了你的习惯,多年的习惯,一时间是改不了的,尤其在遇着险招时,我保证你一定会遇着很多险招。"

陆小凤看着他的银手套,终于叹了口气,苦笑道:"这么样看来,我好像已死定了。"

方玉飞道:"你本来就已死定了。"

他的声音和态度中都充满自信,高手相争,自信本来就是种很可怕的武器,甚至比他戴着的那双奇异的银手套更可怕。

陆小凤脸上的笑容看不见了。

就在这时,方玉飞已出手。

第十一章

罗刹教主

01

银光闪动,闪花了陆小凤的眼睛。奇诡的招式,几乎全封死了他的出手。

这屋子本不宽阔,他几乎已没有退路。

这世上本就没有永远不败的人。

陆小凤也是人。今天他是不是就要败在这里?

孤松背负着双手,远远站在角落里,冷冷地看着,忽然问道:"你看他是不是已必败无疑?"

枯竹沉吟道:"你看呢?"

孤松道:"我看他必败!"

枯竹叹了口气,道:"想不到陆小凤也有被人击败的一天。"

孤松道:"我说的不是陆小凤。"

枯竹很惊讶,道:"不是?"

孤松道:"必败的是方玉飞。"

枯竹道:"可是现在他似已占尽上风。"

孤松道:"先占上风,只不过徒耗气力,高手相争,胜负的关键只在于最后之一击。"

枯竹道:"但现在陆小凤却似已不能出手。"

孤松道:"他不是不能,是不愿。"

枯竹道:"为什么?"

孤松道:"他在等。"

枯竹道:"等最好的机会,作最后的一击?"

孤松道:"言多必失,占尽上风,抢尽攻势的人,也迟早必有失招的时候!"

枯竹道:"那时就是陆小凤出手的机会了?"

孤松道:"不错。"

枯竹道:"就算有那样的机会,也必定如白驹过隙,稍纵即逝。"

孤松道:"当然。"

枯竹道:"你认为他不会错过?"

孤松道:"我算准他只要出手,一击必中。"

寒梅一直静静地听着,眼睛里仿佛带着种讥诮的笑意,忽然冷笑道:"只可惜每个人都有算错的时候。"

就在他开始说这句话的时候,方玉飞已将陆小凤逼入他们这边的角落。

他这句话还没有说完,突然拔剑。

没有人能形容他拔剑的速度,没有人能看清他拔剑的动作,只看见剑光一闪!

闪电般的剑光,直刺陆小凤的背。

这才是真正致命的一击!

陆小凤前面的出路本已被逼死,只怕连做梦都想不到真正致命的一击,竟是从他背后来的!

他怎么能闪避?

他能！

因为他就是陆小凤。

一弹指间已是六十刹那，决定他生死的关键，只不过是一刹那。

就在这一刹那间，他突然拧身，整个人都好像突然收缩。

剑尖如飞矢，一发不可收拾。

剑光穿透了他的衣衫，却没有穿透他的背，飞矢般的剑光反而向迎面而来的方玉飞刺了过去。

方玉飞双手一拍，夹住了剑锋。

他已无处闪避，只有使出这一着最后救命防身的绝技。

只可惜他忘了他的对手不是寒梅，而是陆小凤。

陆小凤就在他身边。

几乎就在这同一刹那间，陆小凤已出手。

更没有人能形容这一击的速度，更没有人能看清他的出手。

可是每个人都能看见方玉飞的双眉之间，已多了个血洞。

每个人都看得很清楚，因为鲜血已开始从他双眉之间流出来。

他整个人都已冰冷僵硬，却没有倒下去，因为他前胸还有一把剑。

寒梅的剑！

真正致命的，也不是陆小凤那妙绝天下的一指，而是这柄剑。

陆小凤的手指点在他眉心时，他刚夹住剑锋的双手就松了。

剑的去势却未歇，一剑已穿胸。

寒梅的人似乎也已冰冷僵硬——每个人都有算错的时候，这一次算错的是他。

这件事的结果，实在远出他意料之外。

陆小凤看着方玉飞眉心之间的洞，缓缓道："我说过我要送给你的，我一定要送出去。"

方玉飞茫然看着他，锐利如鹰的眼睛，已渐渐变得空洞灰白，嘴角却忽然露出一丝讥诮的笑容，挣扎着道："我本来一直很羡慕你。"

陆小凤道："哦？"

方玉飞道："因为你有四条眉毛。"

他喘息着，挣扎着说下去："可是现在你已比不上我了，因为我有了两个屁眼，这一点我保证你永远也比不上的。"

陆小凤没有开口，也无法开口。

方玉飞看着他，忽然大笑，大笑着往后退，剑出胸，血飞溅。

他的笑声立刻停顿。他呼吸停顿的时候，寒梅手里的剑尖还在滴着血。

寒梅的脸色苍白。

从他剑尖上滴落的血，仿佛不仅是方玉飞的，也有他自己的。

他不敢抬头，不敢去面对枯竹、孤松，他们却一直盯着他。

孤松忽然叹息，道："你说的不错，每个人都有看错的时候，我看错了你。"

枯竹也在叹息，道："你怎么会和这个人狼狈为奸，怎么会做出这种事？"

寒梅忽然大喊："因为我不愿一辈子受你们的气！"

枯竹道："难道你愿意受方玉飞的气？"

寒梅冷笑道："这件事若成了，我就是罗刹教的教主，方玉飞主关内，我主关外，罗刹教与黑虎堂联手，必将无敌于天下。"

枯竹道："难道你忘了自己的年纪？我们在昆仑隐居二十年，难道还没有消磨掉你的利欲之心？"

寒梅道："就因为我已老了，就因为我过了几十年乏味的日子，所以我才要趁我还活着的时候，做一番轰轰烈烈的事。"

孤松冷冷道:"只可惜你的事没有成。"

寒梅冷笑道:"无论是成也好,是败也好,我反正都不再受你们的气了。"

死人永远不会受气的。

02

夜。

黑暗的长巷,凄迷的冷雾。

陆小凤慢慢地走出去,孤松、枯竹慢慢地跟在他身后,稀星在沉落。

他们的心情更低落——成功有时并不能换来真正的欢乐。

可是成功至少比失败好些。

走出长巷,外面还是一片黑暗。

孤松忽然问道:"你早已算准背后会有那一剑?"

陆小凤点点头。

孤松道:"你早已看出他已跟方玉飞串通?"

陆小凤又点点头,道:"因为他们都做错了一件事。"

孤松道:"你说。"

陆小凤道:"那天寒梅本不该逼着我去斗赵君武的,他简直好像是故意在替方玉飞制造机会。"

孤松道:"哼。"

陆小凤道:"一个人的秘密已被揭穿,已到了山穷水尽的时候,本不该还有方玉飞刚才那样的自信,除非他另有后着。"

孤松道:"所以你就故意先将自己置之于死地,把他的后着诱出来？"

陆小凤道："每个人都应该有自信，可是太自信了，也不是好事。"

孤松道："就因为他们认为你已必死无疑，所以你才没有死。"

陆小凤笑了笑，道："一个人最接近成功的时候，往往就是他最大意的时候。"

孤松道："因为他认为成功已垂手可得，警戒之心就松了，就会变得自大起来。"

陆小凤道："所以这世上真正能成功的人并不多。"

孤松沉默着，过了很久，忽又问道："我还有一件事想不通。"

陆小凤道："你说。"

孤松道："你并没有看见过真正的罗刹牌？"

陆小凤道："没有。"

孤松道："可是你一眼就分辨出它的真假。"

陆小凤道："因为那是朱大老板的手艺，朱大老板是我的朋友，我知道他的毛病。"

孤松道："什么毛病？"

陆小凤道："他仿造赝品时，总喜欢故意留下一点痕迹，故意让别人去找。"

孤松道："什么样的痕迹？"

陆小凤道："譬如说，他若仿造韩干的马，就往往会故意在马鬃间画条小毛虫。"

孤松道："他仿造罗刹牌时，留下了什么样的痕迹？"

陆小凤道："罗刹牌的反面，雕着诸神诸魔的像，其中有一个是散花的天女。"

孤松道："不错。"

陆小凤道:"赝品上那散花天女的脸,我一眼就可以认出来。"

孤松道:"为什么?"

陆小凤道:"因为那是老板娘的脸。"

孤松道:"老板娘?"

陆小凤微笑,道:"老板娘当然就是朱大老板的老婆。"

孤松的脸色铁青,冷冷道:"所以你当然也已看出来,方玉香从蓝胡子身上拿出来的那个罗刹牌,也是假的?"

陆小凤叹了口气,道:"我本来并不想看的,却又偏偏忍不住看了一眼,所以……"

孤松道:"所以怎么样?"

陆小凤道:"所以我现在很快就要倒霉了。"

孤松道:"倒什么霉?"

陆小凤道:"倒寒梅那种霉。"

孤松的脸沉下。

陆小凤道:"寒梅那么做,是因为不肯服老,不甘寂寞,你们呢?"

孤松闭着嘴,拒绝回答。

陆小凤道:"你们若真是那种淡泊自甘的隐士,怎会加入罗刹教?你们若真的不想做罗刹教的教主,怎么会杀了玉天宝?"

枯竹的脸色也变了,厉声道:"你在说什么?"

陆小凤淡淡道:"我只不过在说一个很简单的道理。"

枯竹道:"什么道理?"

陆小凤道:"你们若真的对罗刹教忠心耿耿,为什么不杀了我替你们教主的儿子复仇?"

他笑了笑,自己回答了这问题:"因为你们也知道玉天宝并不是死在我手里的,我甚至连他的人都没有看见过,究竟是谁杀了他,你们心里当然有数。"

枯竹冷冷道："你若真的是个聪明人，就不该说这些话。"

陆小凤道："我说这些话，只因为我还知道一个更简单的道理。"

枯竹再问："什么道理？"

陆小凤道："不管我说不说这些话，反正都一样要倒霉了。"

枯竹道："为什么？"

陆小凤道："因为我看过了罗刹牌，因为世上只有我一个人知道那块罗刹牌是假的，你们想用这块罗刹牌去换罗刹教教主的宝座，就只有杀了我灭口。"

他叹了口气，接着道："现在四下无人，又恰巧正是你们下手的好机会，松竹神剑，双剑合璧，我当然不是你们的对手。"

孤松冷冷地看着他，忽然道："你给了方玉飞一个机会，我也可以给你一个。"

陆小凤道："什么机会？"

孤松道："现在你还可以逃，只要这次你能逃得了，我们以后绝不再找你。"

陆小凤道："我逃不了。"

孤松、枯竹虽然好像是在随随便便地站着，占的方位却很巧妙，就好像一双钳子，已将陆小凤钳在中间。

现在钳子虽然还没有钳起来，却已蓄势待发，天上地下，绝没有任何一个人能从这把钳子间逃走。

陆小凤看得很清楚，却还是笑得很愉快："我知道我逃不了，有件事你们却不知道。"

孤松道："哦？"

陆小凤道："就算我能逃得了，也绝不会逃，就算你们赶我走，我都不想走。"

孤松道:"你想死?"

陆小凤道:"更不想。"

孤松不懂。陆小凤做的事,世上本就没有几个人能懂。

陆小凤道:"近六年来,我最少已经应该死过六十次了,可是直到现在,我还是好好地活着,你们知道为什么?"

孤松道:"你说。"

陆小凤道:"因为我有朋友,我有很多的朋友,其中凑巧还有一两个会用剑。"

他的"剑"字说出口,孤松背脊上立刻感觉到一股森寒的剑气。

他霍然回头,并没有看到剑,只看到一个人!

森寒的剑气,就是从这个人身上发出来的,这个人的本身,就似已比剑更锋锐。

有雾,雾渐浓。

这个人就站在迷迷蒙蒙,冰冰冷冷的浓雾里,仿佛自远古以来就在那里站着,又仿佛是刚刚从浓雾中凝结出来的。

这个人虽然比剑更锋锐,却又像雾一般空蒙虚幻缥缈。

孤松、枯竹看不见他的脸,只能看见他一身白衣如雪。

绝世无双的剑手,纵然掌中无剑,纵然剑未出鞘,只要他的人在,就会有剑气逼人眉睫。

孤松、枯竹的瞳孔已收缩:"西门吹雪!"

他们并没有看见这个人的脸,事实上,他们根本从来也没有见过西门吹雪,可是就在这一瞬间,他们已感觉到这个人一定就是西门吹雪!

天上地下,独一无二的剑。

天上地下,独一无二的西门吹雪!

03

西门吹雪没有动,没有开口,没有拔剑,他身上根本没有剑!

陆小凤在微笑。

孤松忍不住问道:"你几时去找他来的?"

陆小凤道:"我没有去找,只不过我的朋友中,凑巧还有一两个人会替我去找人。"

孤松道:"你总算找对人了。"

枯竹冷冷道:"我们早已想看看'月明夜,紫禁巅,一剑破飞仙'的西门吹雪。"

西门吹雪冷冷道:"你说错了。"

枯竹道:"错在哪里?"

西门吹雪道:"白云城主的剑法,已如青天白云无瑕无垢,没有人能破得了他那一着天外飞仙。"

枯竹道:"你也不能?"

西门吹雪道:"不能。"

枯竹道:"可是你破了。"

西门吹雪道:"破了那一着天外飞仙的人,并不是我。"

枯竹道:"不是你是谁?"

西门吹雪道:"是他自己。"

枯竹不懂,孤松也不懂,西门吹雪的话,世上没有几个人能懂。

西门吹雪道:"他的剑法虽已无垢,他的心中却有垢。"

他的眼睛发光,慢慢地接着道:"剑道的精义,就在于'诚心正意',一个人的心中若有垢,又岂能不败?"

枯竹忽然又觉得有股剑气逼来,这些话仿佛也比剑更锋锐。

这是不是因为他的心中也有垢?

西门吹雪道:"心中有垢,其剑必弱……"

枯竹终于忍不住打断了他的话,厉声道:"你的剑呢?"

西门吹雪道:"剑在!"

枯竹道:"在哪里?"

西门吹雪道:"到处都在!"

这也是很难听懂的话,枯竹却懂了,孤松也懂了。

——他的人已与剑融为一体,他的人就是剑,只要他的人在,天地万物,都是他的剑。

——这正是剑法中最高深的境界。

陆小凤微笑道:"看来你与叶孤城一战之后,剑法又精进了一层。"

西门吹雪沉默着,过了很久,才缓缓道:"还有一点你不明白。"

陆小凤道:"哦?"

西门吹雪发亮的眼睛,忽然又变得雾一般空蒙忧郁,道:"我用那柄剑击败了白云城主,普天之下,还有谁配让我再用那柄剑?"

枯竹冷笑道:"我……"

西门吹雪不让他开口,冷冷道:"你更不配,若要靠双剑联手才能破敌制胜,这种剑只配去剪花裁布。"

忽然间,"锵"一声,剑已出鞘。

枯竹的剑!

剑光破空,一飞十丈。

这一剑的气势,虽不如"天外飞仙",可是孤峭奇拔,正如寒山顶上的一根万年枯竹。

西门吹雪还是没有动,没有拔剑。

他手中根本无剑可拔,他的剑在哪里?

忽然间,又是"锵"的一声清吟,剑光乱闪,人影乍合又分。

雾更浓,更冷。

两个人面对面地站着,枯竹的剑尖上正在滴着血……

他自己的剑,他自己的血。

剑已不在他手上,这柄剑已由他自己的前心穿入,后背穿出。

他吃惊地看着西门吹雪,仿佛还不能相信这是真的。

西门吹雪冷冷道:"现在你想必已该知道我的剑在哪里。"

枯竹想开口,却只能咳嗽。

西门吹雪冷冷道:"我的剑就在你手里,你的剑就是我的剑。"

枯竹狂吼,再拔剑。

剑锋从他胸膛上拔出来,鲜血也像是箭一般飞激而出。

西门吹雪还是没有动。

鲜血飞溅到他面前,就雨点般落下,剑锋到了他面前,也已垂落。

枯竹倒下去时,他甚至连看都没有去看一眼。

他在看着陆小凤。

陆小凤不禁叹息,孤松却已连呼吸都停顿。

西门吹雪道:"你找人叫我来,我来了!"

陆小凤道:"我知道你会来。"

西门吹雪道:"因为我欠你的情。"

陆小凤道:"因为你是我的朋友。"

西门吹雪道:"纵然我们是朋友,这也是我最后一次。"

陆小凤道:"最后一次?"

西门吹雪冷冷道:"我已还清了你的债,既不想再欠你,也不想你欠我,所以……"

陆小凤苦笑道："所以下次你就算眼见着我要死在别人手里，也绝不会再出手？"

西门吹雪冷冷地看着他，并没有否认。

然后他的人就忽然消失，消失在风里，就像是他来的时候那么神秘而突然。

孤松没有动，很久很久都没有动，就像是真的变成了一株古松。

冷雾迷漫，渐渐连十丈外枯竹的尸身都看不见了，西门吹雪更早已不见踪影。

孤松忽然长长叹息，道："这个人不是人，绝不是。"

陆小凤虽然没有否认，也没有承认。

——一个人的剑法若已通神，他的人是不是也已接近神？

——他的人就是他的剑，他的剑就是他的神！

陆小凤的眼睛里忽然露出种说不出的同情和忧郁。

孤松居然看出来了，冷冷地问道："你同情他？"

陆小凤道："我同情的不是他。"

孤松道："不是？"

陆小凤道："他已娶妻生子，我本来认为他已能变成真正的一个人。"

孤松道："可是他没有变。"

陆小凤道："他没有。"

孤松道："剑本就是永恒不变的，他的人就是剑，怎么会变？"

陆小凤黯然叹息。

——剑永恒不变，剑永能伤人。

孤松道："一个女人若是做了剑的妻子，当然很不好受。"

陆小凤道："当然。"

孤松道："所以你同情他的妻子？"

陆小凤又不禁叹息。

孤松凝视着他，缓缓道："你们之间，一定有很多悲伤的往事，他的妻子很可能也是你的朋友，往事不堪回首，你……"

"你"字刚说出口，他的剑已出手。

剑光如电，直刺陆小凤的咽喉！

咽喉是最致命的要害，现在正是陆小凤心灵最脆弱的时候。

不堪回首的往事，岂非总是能令人变得悲伤软弱？

孤松选择了最好的机会出手！

他的剑比枯竹更快，他与陆小凤的距离，只不过近在咫尺。

这一剑无疑是致命的一击，他出手时已有了十分把握。

只可惜他忽略了一点——

他的对手不是别人，是陆小凤！

剑刺出，寒光动。

就在这同一刹那间，陆小凤也已出手——只伸出了两根手指，轻轻一夹！

没有人能形容这一夹的神奇和速度，这一夹表现出的力量，几乎已突破了人类潜能的极限。

寒光凝结，剑也凝结，剑锋忽然间就已被陆小凤两根手指夹住。

孤松拔剑，再拔剑！

剑不动！

孤松的整个人已恐惧而颤动，突然撒手，凌空倒掠，掠出五丈。

这一掠的力量和速度，也是令人不可想象的，因为他知道这已是他的生死关头。

人类为了求生而发出的潜力，本就是别人很难想象的。

陆小凤没有追。

就在这时，他忽然发觉浓雾中又出现了一条人影。

一条淡淡的人影，仿佛比雾更淡，比雾更虚幻，更不可捉摸。

就算你亲眼看见这个人出现，也很难相信他真的是从大地上出现的，就算你明知他不是幽灵、鬼魂，也很难相信他真的是个人。

孤松夭矫如龙的身形突然停顿，坠下，他的力量就好像已在这一瞬间突然崩溃，完全崩溃。

因为他看见了这个人，这个似人非人，似鬼非鬼的人。

"砰"的一声，这轻功妙绝的武林高手，竟像是石块般跌落在地上，就动也不再动。

看来非但他的力量完全崩溃，就连他的生命也完全崩溃。

这突然的崩溃，难道只不过因为他看见了这个人？

这个人身上难道带着种可以令人死亡崩溃的力量？难道他本身就是死亡？

雾未散，人也没有走。

雾中人仿佛正在远远地看着陆小凤，陆小凤也在看着他，看见了他的眼睛。

没有人能形容那是双什么样的眼睛。

他的眼睛当然是长在脸上的，可是他的脸已融在雾里，他的眼睛虽然有光，可是连这种光也仿佛与雾融为一体。

陆小凤虽然看见他的眼睛，看见的却好像只不过还是一片雾。

雾中人忽然道："陆小凤？"

陆小凤道："你认得我？"

雾中人道："非但认得，而且感激。"

陆小凤道："感激？"

雾中人道："感激两件事。"

陆小凤道:"哦?"

雾中人道:"感激你为我除去了门下败类和门外仇敌,也感激你不是我的仇敌。"

陆小凤深深吸了口气,道:"你就是……"

雾中人道:"我姓玉。"

陆小凤轻轻地将一口气吐出来,道:"玉?宝玉的玉?"

雾中人道:"宝玉无瑕,宝玉不败。"

陆小凤道:"不败也不死?"

雾中人道:"西方之玉,永存天地。"

陆小凤再吐出一口气,道:"你就是西方玉罗刹?"

雾中人道:"我就是。"

雾是灰白色的,他的人也是灰白色的,烟雾迷漫,他的人看来也同样迷迷蒙蒙,若有若无。

他究竟是人?还是鬼魂?

陆小凤忽然笑了,微笑着摇头,道:"其实我早就该想得到的。"

西方玉罗刹道:"想到什么?"

陆小凤道:"我早就该想到,你的死只不过是一种手段。"

玉罗刹道:"我为什么要用这种手段?"

陆小凤道:"因为西方罗刹教是你一手创立的,你当然希望它能永存天地。"

玉罗刹承认。

陆小凤道:"可是西方罗刹教的组织实在太庞大,分子实在太复杂,你活着的时候,虽然没有人敢背叛你,等你死了之后,这些人是不是会继续效忠你的子孙呢?"

玉罗刹淡淡道:"连最纯的黄金里,也难免有杂质,何况人?"

陆小凤道:"你早就知道你教下一定会有对你不忠的人,你想要替你的子孙保留这份基业,就得先把这些人找出来。"

玉罗刹道:"你想煮饭的时候,是不是也得先把米里的稗子剔出来?"

陆小凤道:"可是你也知道这并不是容易事,有些稗子天生就是白的,混在白米里,任何人都很难分辨出来,除非等到他们对你已全无顾忌的时候,否则他们也绝不会自己现出原形。"

玉罗刹道:"除非我死,否则他们就不敢!"

陆小凤道:"只可惜要你死也很不容易,所以只有用诈死这种手段。"

玉罗刹道:"这是种很古老的计谋,它能留存到现在,就因为它永远有效。"

陆小凤微笑道:"现在看起来,你这计谋无疑是成功了,你是不是真的觉得很愉快?"

他虽然在笑,声音里却仿佛带着种说不出的讥诮之意。

玉罗刹当然听得出来,立刻反问道:"我为什么不愉快?"

陆小凤道:"就算你已替你的子孙们保留了永存天地,万世不变的基业,可是你的儿子呢?"

玉罗刹忽然笑了。

他的笑声也像他的人一样,阴森缥缈,不可捉摸,笑声中仿佛也充满了一种说不出的讥诮。

陆小凤实在不懂他怎么还能笑得出。

玉罗刹还在笑,带着笑道:"你若以为死在他们手里的真的是我儿子,你也未免太低估了我。"

陆小凤道:"死在他们手里那个人,难道不是真的玉天宝?"

玉罗刹道:"是真的玉天宝,玉天宝却不是我的儿子。"

陆小凤道:"他们都已跟随你多年,难道连你的儿子是谁都不知道?"

玉罗刹悠然道:"我的儿子在他出生的那一天,就不是我的儿子了。"

陆小凤更不懂。

玉罗刹道:"这种事我也知道你绝不会懂的,因为你不是西方罗刹教的教主。"

陆小凤道:"如果我是呢?"

玉罗刹道:"如果你是,你就会知道,一个人到了这种地位,是绝对没法子管教自己的儿子,因为你要管的事太多。"

他的声音忽然又变得有些伤感:"为我生儿子的那个女人,在她生产的那一天就已死了,假如一个孩子一生下来就是西方罗刹教未来的教主,又没有父母的管教,他将来会变成一个什么样的人?"

陆小凤道:"当然是像玉天宝那样的人。"

玉罗刹道:"你愿不愿意那样的人来继承你的事业?"

陆小凤在摇头,也在叹息。

他忽然发现要做西方罗刹教的教主固然不容易,要将自己的儿子教养成人也很不容易。

玉罗刹道:"所以我在他出世后的第七天,就将他交给一个我最信任的人去管教,也就在那一天起,我收养了别人的儿子作为我的儿子,这秘密至今还没有别人知道。"

陆小凤道:"现在你为什么要告诉我?"

玉罗刹道:"因为我信任你。"

陆小凤道:"我们并不是朋友。"

玉罗刹道:"就因为我们既不是仇敌,也不是朋友,所以我才信任你。"

他眼睛里又露出那种讥诮的笑意:"如果你是西方罗刹教的教主,就会明白我这是什么意思了。"

陆小凤已明白。有些朋友往往远比仇敌更可怕。

只不过他虽然也有过这种痛苦的经验,却从来也没有对朋友失去过信心。

因为他并不是西方罗刹教的教主。

他也不想做,不管什么教的教主,他都不想做,就算有人用大轿子来抬他,他也绝不会去的。

陆小凤就是陆小凤。

玉罗刹的目光仿佛已穿过了迷雾,看透了他的心,忽又笑道:"你虽然不是罗刹教的教主,可是我知道你已很了解我,就等于我虽然不是陆小凤,也已经很了解你。"

陆小凤不能不承认。

他虽然还是看不清这个人的脸,可是在他们之间却无疑已有种别人永远无法明白的了解和尊敬。

一种互相的尊敬。

他知道玉罗刹思虑之周密,眼光之深远,都是他自己永远做不到的。

玉罗刹仿佛又触及了他的思想,慢慢地接着道:"我感激你不是我的仇敌,只因为我发现了一件很可怕的事。"

陆小凤道:"什么事?"

玉罗刹道:"你是我这一生中所遇见过最可怕的人,你能做的事,有很多都是我做不到的,所以我这次来,本想杀了你。"

陆小凤道:"现在呢?"

玉罗刹道:"现在我只想问你一件事。"

陆小凤道:"你问。"

玉罗刹道:"现在我们既非朋友,也非仇敌,以后呢?"

陆小凤道:"但愿以后也一样。"

玉罗刹道:"你真的希望如此?"

陆小凤道:"真的。"

玉罗刹道:"可是要保持这种关系并不容易。"

陆小凤道:"我知道。"

玉罗刹道:"你不后悔?"

陆小凤笑了笑,道:"我也希望你能明白一件事。"

玉罗刹道:"你说。"

陆小凤道:"我这一生中,也曾遇见过很多可怕的人,也没有一个比你更可怕的!"

玉罗刹笑了,他开始笑的时候,人还在雾里,等到陆小凤听到他笑声时,却已看不见他的人了。

在这迷梦般的迷雾里,遇见了这么样一个迷雾般的人,又看着他迷梦般消失。

陆小凤忽然觉得连自己都已迷失在雾里。

这件事他做得究竟是成功?还是失败?连他自己也都分不清了……

《陆小凤传奇4:银钩赌坊》完

相关情节请看《陆小凤传奇5:幽灵山庄》

读客文化将出版以下古龙经典作品

《小李飞刀：多情剑客无情剑》

《小李飞刀2：边城浪子》

《小李飞刀3：九月鹰飞》

《小李飞刀4：天涯·明月·刀》

《陆小凤传奇：金鹏王朝》

《陆小凤传奇2：绣花大盗》

《陆小凤传奇3：决战前后》

《陆小凤传奇4：银钩赌坊》

《陆小凤传奇5：幽灵山庄》

《陆小凤传奇6：凤舞九天》

《陆小凤传奇7：剑神一笑》

《楚留香新传：借尸还魂》

《楚留香新传2：蝙蝠传奇》

《楚留香新传3：桃花传奇》

《楚留香新传4：新月传奇·午夜兰花》

《七种武器：长生剑·孔雀翎》

《七种武器2：碧玉刀·多情环》

《七种武器3：离别钩·霸王枪》

《七种武器4：愤怒的小马·七杀手》

《萧十一郎》

《火并萧十一郎》

《绝代双骄》

《欢乐英雄》

《三少爷的剑》

《流星·蝴蝶·剑》

《武林外史》

《白玉老虎》

《圆月弯刀》

《大人物》

《绝不低头》

《碧血洗银枪》

《彩环曲》

《苍穹神剑》

《大地飞鹰》

《风铃中的刀声》

《护花铃》

《剑毒梅香》

《剑客行》

《猎鹰·赌局》

《名剑风流》

《飘香剑雨》

《七星龙王》

《失魂引》

《血鹦鹉》

《英雄无泪》

《游侠录》

《月异星邪》

激发个人成长

多年以来,千千万万有经验的读者,都会定期查看熊猫君家的最新书目,挑选满足自己成长需求的新书。

读客图书以"激发个人成长"为使命,在以下三个方面为您精选优质图书:

1、精神成长

熊猫君家精彩绝伦的小说文库和人文类图书,帮助你成为永远充满梦想、勇气和爱的人!

2、知识结构成长

熊猫君家的历史类、社科类图书,帮助你了解从宇宙诞生、文明演变直至今日世界之形成的方方面面。

3、工作技能成长

熊猫君家的经管类、家教类图书,指引你更好地工作、更有效率地生活,减少人生中的烦恼。

每一本读客图书都轻松好读,精彩绝伦,充满无穷阅读乐趣!

认准读客熊猫

读客所有图书，在书脊、腰封、封底和前后勒口都有"**读客熊猫**"标志。

两步帮你快速找到读客图书

1、找读客熊猫　　　　　　2、找黑白格子

马上扫二维码，关注**"熊猫君"**

和千万读者一起成长吧！

图书在版编目（CIP）数据

陆小凤传奇. 4，银钩赌坊 / 古龙著. -- 上海：文汇出版社，2018.8
（古龙文集）
ISBN 978-7-5496-2534-5

Ⅰ. ①陆… Ⅱ. ①古… Ⅲ. ①侠义小说－中国－当代 Ⅳ. ①I247.5

中国版本图书馆CIP数据核字（2018）第067464号

著作权合同登记号：09-2017-966

陆小凤传奇4：银钩赌坊

作　　者 / 古　龙

责任编辑 / 徐曙蕾
特邀编辑 / 周奥扬　周量航　王心怡
封面装帧 / 文　薇

出版发行 / 文汇出版社
　　　　　 上海市威海路755号
　　　　　 （邮政编码200041）

经　　销 / 全国新华书店
印刷装订 / 北京中科印刷有限公司
版　　次 / 2018年8月第1版
印　　次 / 2018年8月第1次印刷
开　　本 / 890mm×1270mm　1/32
字　　数 / 211千字
印　　张 / 8.75

ISBN 978-7-5496-2534-5
定　　价 / 52.00元

古龙著作管理发展委员会　侵权必究
装订质量问题，请致电010-87681002（免费更换，邮寄到付）